国家自然科学基金项目（No. 41561040 & No. 41971243 & No. 41661035）

农户异质性视角下丘陵山区 耕地利用生态转型研究

何亚芬　谢花林　著

中国财经出版传媒集团

经济科学出版社
Economic Science Press

图书在版编目（CIP）数据

农户异质性视角下丘陵山区耕地利用生态转型研究／
何亚芬，谢花林著.—北京：经济科学出版社，2019.8
ISBN 978 - 7 - 5218 - 0855 - 1

Ⅰ.①农… Ⅱ.①何… ②谢… Ⅲ.①丘陵 - 耕地利用 -
研究 - 中国 ②山区 - 耕地利用 - 研究 - 中国 Ⅳ.①F323.211

中国版本图书馆 CIP 数据核字（2019）第 199739 号

责任编辑：白留杰　刘殿和
责任校对：靳玉环
责任印制：李　鹏

农户异质性视角下丘陵山区耕地利用生态转型研究

何亚芬　谢花林　著

经济科学出版社出版、发行　新华书店经销
社址：北京市海淀区阜成路甲 28 号　邮编：100142
教材分社电话：010 - 88191355　发行部电话：010 - 88191522
网址：www. esp. com. cn
电子邮件：esp@ esp. com. cn
天猫网店：经济科学出版社旗舰店
网址：http://jjkxcbs. tmall. com
北京密兴印刷有限公司印装
710×1000　16 开　9.5 印张　180000 字
2019 年 8 月第 1 版　2019 年 8 月第 1 次印刷
ISBN 978 - 7 - 5218 - 0855 - 1　定价：40.00 元
（图书出现印装问题，本社负责调换。电话：010 - 88191510）
（版权所有　侵权必究　打击盗版　举报热线：010 - 88191661
QQ：2242791300　营销中心电话：010 - 88191537
电子邮箱：dbts@ esp. com. cn）

前　言

作为人类赖以生存的最基本的土地资源，耕地的利用和保护一直受到区域和国家层面的重视。20世纪80年代中期到90年代初期，受市场经济影响，粮食价格受到国家保护，使得开荒种地有利可图，加上全国新一轮开发后备土地资源浪潮的影响，大量荒山荒地甚至是林地都被开垦为耕地（董婷婷等，2007）。2004年以来，国家又颁布了一系列支农惠农政策，全国粮食产量实现了"十三连增"，这为我国粮食安全提供了有力保障。然而，耕地长期高负荷运转，土壤得不到休养生息，水土流失、面源污染加重已成为制约农业可持续发展的突出矛盾，农业转型升级已迫在眉睫，而实现农业转型升级的必要条件是实现耕地利用生态转型，也即利用方式向可持续发展的方向转变。作为耕地利用的主体——农户，在城乡一体化建设的大背景下，伴随工业化和城市化的快速发展，他们自觉、不自觉地被卷入社会经济发展转型的浪潮中。在这个过程中，农户的行为日益丰富、复杂，同时农户之间的分化和异质化程度也在加深。如何促进异质化了的农户在耕地利用方式上的转变以实现我国农业转型升级成为当前首要解决的问题。这一问题尤其在丘陵山区因其特有的环境变得更加具体和复杂。

我国丘陵山区占国土面积的2/3，据统计，南方各省份属于丘陵山区的耕地比例高达60%以上，且仍在耕种的坡耕地面积较多。对于大部分丘陵山区农户来说，坡耕地仍是其赖以生存的基本生产用地，但也是典型的生态脆弱地带之一。过去由于农地开发等不合理的土地利用行为，给丘陵山区带来了水土流失、生态环境破坏等一系列环境问题（田亚平等，2005）。除了经营较好的梯田外，坡耕地全部是水土流失的土地，尽管其面积仅占全国水土流失总面积的6.7%，但产生的土壤流失量却占到全国的28.3%。在亚热带湿润地区岩溶极其发育的自然背景下，受人为活动的干扰，我国西南山区地表植被遭到破坏，造成土壤严重侵蚀，基岩大面积裸露，地表呈现似荒漠化景观的土地退化，其引发的生态安全问题受到各界的高度关注。此外，由于丘陵山区土壤贫瘠，在农业生产中，农户为了追求高产往往大量使用化肥农药，伴随降雨的冲击和淋溶，大量化肥外溢威胁区域生态环境安全，这成为我国丘陵山区耕地可持续利用的又一威胁。在以上种种生态压力和威胁下，丘陵山区农户会自发地改变传统的耕地利用方式以实现区域的可持续发展吗？农户之间的行为差异又如何？事实上，针对我国西南山区石漠化生态严重退化区，2016 年原农业部等 10 部委联合出台《探索实行耕地轮作休耕制度试点方案》（以下简称《方案》），该《方案》明确提出在西南山区石漠化等生态严重退化区开展耕地休耕工程，旨在提高土壤肥力，缓解土壤生态环境退化的现状。面对政府主导推行的休耕工程，农户是否都乐于参与？当农户的短期偏好与社会偏好不一致时，政府该如何调控？这些问题都有待研究解决。

作为耕地利用变化研究的新途径，耕地利用转型研究并不多见，耕地利用转型的相关理论还亟待挖掘。因此研究上述问题，首先从理论上能够丰富耕地利用转型的概念和内涵，同时也能够明晰农户异质性视角下耕地利用生态转型的行为机理。其次在实践应用上，可以为我国丘陵山区土地可持续利用和发展提供科学决策依据。

本书共分为 8 章，各章的主要内容如下：

第 1 章首先界定了丘陵山区耕地利用生态转型研究中涉及的一些基本概念；其次系统梳理了土地利用转型、耕地利用生态转型、农户模型研究、农户模型在土地利用研究中的应用以及丘陵山区耕地利用的研究进展；最后提出了研究的目的、内容、技术路线和研究方法。

第 2 章介绍了案例区的选择和数据来源。

第 3 章依据丘陵山区农户在农业生产、消费、家庭效用以及劳动力配置等方面的差异将农户进行划分。通过各类型农户在农业生产、消费、家庭效用以及劳动力配置等方面的特征匹配对应的农户模型，作为农户耕地利用生态转型研究的理论分析工具。

第 4 章首先分析老龄化农户自发型耕地利用生态转型——撂荒行为机理，并通过调研数据进行实证；其次分析老龄化农户政府主导型耕地利用生态转型——西南石漠化地区休耕行为机理，并通过调研数据进行实证；最后分析老龄化农户耕地利用过程中化肥农药减施行为机理，并通过调研数据进行描述性分析。

第 5 章首先分析纯农户自发型耕地利用生态转型——撂荒行为机理，并通过调研数据进行实证；其次分析纯农户政府主导型耕地利用生态转型——

西南石漠化地区休耕行为机理，并通过调研数据进行实证；最后分析农户耕地利用过程中化肥农药减施行为机理，并通过调研数据进行描述性分析。

第6章首先分析稳定型兼业户自发型耕地利用生态转型——撂荒行为机理，并通过调研数据进行实证；其次分析稳定型兼业户政府主导型耕地利用生态转型——西南石漠化地区休耕行为机理，并通过调研数据进行实证；最后分析稳定型兼业户耕地利用过程中化肥农药减施行为机理，并通过调研数据进行描述性分析。

第7章首先分析非稳定型兼业户自发型耕地利用生态转型——撂荒行为机理，并通过调研数据进行实证；其次分析非稳定型兼业户政府主导型耕地利用生态转型——西南石漠化地区休耕行为机理，并通过调研数据进行实证；最后分析非稳定型兼业户耕地利用过程中化肥农药减施行为机理，并通过调研数据进行描述性分析。

第8章进行了丘陵山区耕地利用生态转型调控研究。在揭示丘陵山区异质性农户耕地利用生态转型行为机理的基础上，基于耕地可持续利用的战略方针与原则，提出了丘陵山区耕地利用生态转型的调控对策。

本书的内容是在课题组承担的国家自然科学基金项目"丘陵山区农地生态转型的发生机制与调控策略研究"（41561040）、"南方丘陵山区耕地撂荒多尺度过程机理及权衡管理研究"（41971243）、"农户异质性视角下耕地利用生态转型的行为机理与调控研究——以江西省为例"（41961035）和江西省教育厅科学技术研究项目"基于 GIS 和 CA 的鄱阳湖地区土地生态安全空间预警与优化调控研究"（GJJ180285）等项目资助下的前期部分研究成果基础上整理而成的。丘陵山区耕地利用生态转型研究涉及的领域较广，是一项复杂的系统工程。本书引用了大量的相关文献，在此对相关文献的作者表示衷心的感谢。

江西财经大学博士研究生吴箐和温家明，硕士生肖璐萍、黄萤乾、朱振宏、成皓等参与了书稿的校对工作，在此对他们表示衷心的感谢。

本书适合土地资源管理和地理学等专业的本科生和研究生阅读，也可以作为政府工作部门人员参考用书。

作者
2019 年 6 月

目　　录

第1章 绪 论

1.1 研究背景与意义

作为人类赖以生存的最基本的土地资源，耕地资源的利用和保护一直受到区域和国家层面的重视。20世纪80年代中期到90年代初期，受市场经济影响，粮食价格受到国家保护，使得开荒种地有利可图，加上全国新一轮开发后备土地资源浪潮的影响，大量荒山荒地甚至是林地都被开垦为耕地（董婷婷等，2007）。2004年以来，国家又颁布了一系列支农惠农政策，全国粮食产量实现了"十三连增"，这为我国粮食安全提供了有力保障。然而，耕地长期高负荷运转，土壤得不到休养生息，水土流失、面源污染加重已成为制约农业可持续发展的突出矛盾，农业转型升级迫在眉睫，而实现农业转型升级的必要条件是实现耕地利用生态转型，也即利用方式向可持续发展的方向转变。作为耕地利用的主体——农户，在城乡一体化建设的大背景下，伴随工业化和城市化的快速发展，他们自觉、不自觉地被卷入社会经济发展转型的浪潮中。在这个过程中，农户的行为日益丰富、复杂，同时农户之间的分化和异质化程度也在加深。如何促进异质化了的农户在耕地利用方式上的转变以实现我国农业转型升级成为当前首要解决的问题。尤其是丘陵山区，因其特有的环境变得更加具体和复杂。

我国丘陵山区占国土面积的2/3，据统计，南方各省份属于丘陵山区的耕地比例高达60%以上，且仍在耕种的坡耕地面积较多。对于大部分丘陵山区农户来说，坡耕地仍是其赖以生存的基本生产用地，但也是典型的生态脆弱地带之一。过去由于农地开发等不合理的土地利用行为，给丘陵山区带来了水土流失、生态环境破坏等一系列问题（田亚平等，2005）。除了经营较好的梯田外，坡耕地全部是水土流失的土地，尽管其面积仅占全国水土流失总面积的 6.7%，但产生的土壤流失量却占到全国的 28.3%。在亚热带湿润地区岩溶极其发育的自然背景下，受人为活动的干扰，我国西南山区地表植被遭到破坏，造成土壤严重侵蚀，基岩大面积裸露，地表呈现似荒漠化景观的土地退化，其引发的生态安全问题受到各界的高度关注。此外，由于丘陵山区土壤贫瘠，在农业生产中，农户为了追求高产往往大量使用化肥农药，伴随降雨的冲击和淋溶，大量化肥外溢威胁区域生态环境安全，这成为我国丘陵山区耕地可持续利用的又一威胁。在以上种种生态压力和威胁下，丘陵山区农户会自发地改变传统的耕地利用方式以实现区域的可持续发展吗？农户之间的行为差异又如何？事实上，针对我国西南山区石漠化生态严重退化区，2016 年原农业部等 10 部委联合出台《探索实行耕地轮作休耕制度试点方案》（以下简称《方案》），该《方案》明确提出在西南山区石漠化等生态严重退化区开展耕地休耕工程，旨在提高土壤肥力，缓解土壤生态环境退化的现状。面对政府主导推行的休耕工程，农户是否都乐于参与？当农户的短期偏好与社会偏好不一致时，政府该如何调控？这些问题都有待研究解决。

作为耕地利用变化研究的新途径，耕地利用转型研究并不多见，耕地利用转型的相关理论还亟待挖掘。因此研究上述问题，首先从理论上能够丰富耕地利用转型的概念和内涵，同时也能够明晰农户异质性视角下耕地利用生态转型的行为机理。其次在实践应用上，可以为我国丘陵山区土地可持续利用和发展提供科学决策依据。

1.2　相关概念界定

1.2.1　耕地利用

耕地是指专门种植农作物并经常进行耕作、能够正常收获的土地。耕地利用是指由耕地自然属性与人类需求协调所决定的土地功能过程（谢花林和刘志飞，2017）。它包含两方面的含义：一是指根据耕地的自然属性结合人类劳动和资本的投入获得物质产品以满足人类生存和发展的需要；二是指利用土地改善环境、保护植被和土壤以期获得持久产量和协调人类与环境的关系（谢花林和刘志飞，2017）。这两层含义有时不被完全认识，如在工业化和城市化的发展初期，耕地利用主要指的就是人们对耕地进行的农业生产活动，其目的是满足对食物的需求（宋小青，2014；宋戈和林彤，2016），在这个过程中人们更强调耕地的生产功能，也就是耕地利用的第一层含义。事实上，随着社会经济的发展，人地矛盾日益凸显，耕地利用的第二层含义逐渐显化，通过耕地利用来改善环境问题，保护植被和土壤以实现可持续的人地关系成为近年来耕地利用研究的主要方向。作为半人工半自然的复合生态系统，耕地利用既受到自然条件的制约，也受到社会、经济、政治以及技术条件的影响，是这些因素共同作用的结果。同时，耕地利用还具有时间属性和空间属性（唐秀美等，2016）。在特定时空范围内，耕地利用的形态和状态会随着社会经济、农业技术以及区域地理环境的变化而变化，既存在着纵向的动态过程，也包含横向的差异（李全峰，2017）。

1.2.2　耕地利用转型

作为土地利用转型的一种具体类型，按照龙花楼对土地利用转型的定义，耕地利用转型的概念可以表达为在经济社会变化和革新的驱动下，一段时期内与经济和社会发展阶段转型相对应的区域耕地利用由一种形态转变为另一种形态的过程。其中，耕地利用形态包含显性形态和隐性形态两种形式：显性形态指一个区域在特定时期内由主要耕地利用类型构成的结构，具有数量（面积、份额）和空间结构（类型格局、种植结构）两重属性；隐性形态指依附于显性形态且需通过分析、化验、检测和调查才能获得的耕地利用形态，具有质量（养分含量、污染程度、退化程度）、产权（国有、集体所有）、经营方式（个体、股份制、流转与规模经营）、投入（资金、技术、劳动力）、产出（产量、产值、产投比）和功能（生产、生活、生态、文化）等多重属性（龙花楼，2003，2015，2016）。从上述概念来看，形态转变仅仅是耕地利用转型的结果。首先，从形态特征来看，耕地利用生态转型的显性形态转型往往要通过大尺度的调查、分辨才能确定，而隐性形态转型无一不与耕地利用的主体或主体的利用行为有关；其次，无论是显性形态之间，还是隐性形态之间，又或是显性形态与隐性形态之间都不存在绝对的界限。例如，耕地质量形态的转变往往能够导致产出形态的转变，隐性的功能形态变化可能会导致数量和空间结构等显性形态的转变。因此，仅从形态角度辨析耕地利用转型不足以表达耕地利用转型的内涵，耕地利用实质上是土地自然子系统和土地社会经济子系统以人类子系统为纽带和接口耦合而成的复合系统（刘志飞，2015），耕地利用转型的概念应该包含人类的作用，人类行为（利用方式）是耕地利用转型最直接的因素。因此，本书认为耕地利用转型可以定义为在经济社会变化和革新的驱动下，由耕地利用主体的利用行为发生趋势性改变，导致一段时期内与经济和社会发展阶段相对应的区域耕地利用由一种形态转变为另一种形态的过程，其中耕地利用主体的行为变化可以是自发的，也可以是政府自上而下的主导，如图 1 - 1 所示。

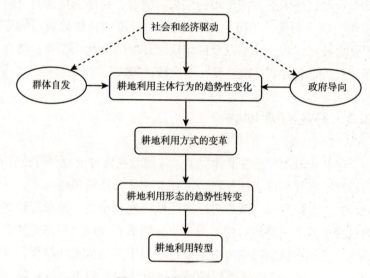

图 1 - 1 耕地利用转型过程

1.2.3 耕地利用生态转型

（1）耕地利用生态转型的概念。在新的历史发展时期，耕地利用的含义不再局限于利用土地的自然属性获得物质产品，更强调通过土地利用来改善环境、保护植被和土壤以获得持久产量、健康的食品以及创造出人与自然和谐共生的局面。结合新时期生态文明建设的要求和耕地利用转型的概念，可以将耕地利用生态转型定义为在经济社会变化和革新的驱动下，由耕地利用主体的利用方式发生趋势性改变，导致一段时期内与经济和社会发展阶段转型相对应的区域耕地由注重经济产出的利用形态向注重生态可持续的利用形态转变。这个过程可以是耕地利用主体自发的群体性行为，也可以是政府自上而下的主导。

从概念看，耕地利用生态转型是在经济社会变化和革新的驱动下发生的，这一点与土地利用变化相似，都是社会经济发展下人类活动所导致的土地属性的变化；不同的是耕地利用生态转型更强调时段性，也即对应于特定的经济社会发展阶段，目前中国耕地利用生态转型对应的就是国内外市场粮食供给相对宽裕，国家大力推进乡村生态文明建设的社会经济发展阶段。耕地利用主体的行为变化导致耕地利用方式发生趋势性的变革是转型的过程，在这个过程中，耕地利用主体的行为变化可能是群体性自发的，也可能是政府为实现区域的整体效益通过行政手段主导的。如果是前者，研究群体性自发行为的发生机制显得尤为重要，原因是可以借鉴或调控这一发生机制，引导更广范围的耕地利用向预期形态转变。如果是后者，研究政府与耕地利用主体之间的作用机制更为重要，如何协调政府与私人之间的效用不一致是要解决的主要问题。耕地由强调经济产出的利用形态向可持续的利用形态转变是转型的结果，其利用形态的转变可能不仅仅表现在某一个属性上，可能是显性形态和隐性形态等多方面的属性变化，土地用途变化极有可能。

（2）耕地利用生态转型的内涵。在明晰了概念的基础上，耕地利用生态转型的内涵主要可以从以下几个方面进行阐述：空间尺度上，耕地利用生态转型的发生尺度是以行政单元划分的从村域到全球尺度，或具有相同地理属性的区域尺度；而单个地块或某几个地块上耕地利用形态的转变只能称之为耕地利用变化，而不是转型。价值主体上，耕地利用生态转型是群体性的耕地利用行为或群体性的耕地利用行为与政府的调控策略相互作用到一定程度或阶段的结果，个体行为只能导致土地利用变化。驱动机制上，在全球化因素和制度因素的影响下，群体与社会对社会经济动态和生态系统变化的响应是耕地利用生态转型的主要驱动机制，根据 Lambin（2010）提出的土地利用转型驱动机制解释框架，现阶段我国耕地利用生态转型的驱动机制可以总结为：由华北平原地下水超采形成的巨型地下水漏斗，中部省份因工业排放造成的土壤重金属污染，西北地区因干旱缺水造成的土壤沙化和盐渍化严重以及西南地区石漠化等生态环境问题，倒逼政府采取自上而下宏观调控的"社会—生态负反馈"的路径；以及城市务工与农村务农之间巨大的比较收益促使丘陵山区农户撂荒边际坡耕地，社会对生态、有机、绿色农产品需求越来越大推动耕地利用向环境友好方式转变的"社会—经济动态"路径。轨迹特征上，耕地利用生态转型强调的是耕地利用变化发展到一定阶段后引起的耕地利用形态的趋势性转折，而不是无规则、复杂多样的变化特征。结果/影响上，现阶段我国耕地利用生态转型的结果主要有两种：一种是生态环境脆弱的耕地转变为生态服务功能价值较高的林地、草地；另一种就是耕地利用方式向更加注重生态后果的方向转变，耕地由强调单一经济产出的利用形态转变为既注重经济产出更注重生态环境可持续的利用形态。从本质上说，前者土地用途发生了改变，而后者的用途并未发生改变。此外，耕地利用生态转型具有很强的地域性，如丘陵山区坡耕地的撂荒可以认定为耕地利用生态转型，而平原地区的耕地撂荒只能称为耕地利用转型。

（3）耕地利用生态转型的形式。根据耕地利用生态转型的概念，最常见也是最广泛的耕地利用生态转型的形式是退耕还林。为保护和改善西部生态环境，退耕还林工程始于 1999 年，主要针对 25° 以上坡耕地进行还林还草。数据显示，到 2008 年，全国累计实施退耕还林任务 2687 万公顷，涉及中国 25 个省份的 3200 万农户，是非常典型的政府主导型耕地利用生态转型形式。

习近平总书记在党的十八届五中全会上所作的关于《中共中央关于制定国民经济和社会发展第十三个五年规划的建议》的说明时指出，利用现阶段国内外市场粮食供给宽裕的时机，在部分地区实行耕地轮作休耕。2016 年，我国耕地轮作休耕试点工程正式启动，重点涉及华北平原地下水漏斗区、长株潭重金属污染区、西北生态严重退化区以及西南石漠化区，涉及面积共 41.07 万公顷。2017 年休耕试点面积扩大到 80 万公顷，2018 年扩大到 160 万公顷。耕地轮作休耕的目的和意义在于促进耕地的休养生息，实现农业可持续发展。从转型的实现形式上，这也是一种政府主导型的耕地利用生态转型。

我国正处于快速城镇化、工业化发展阶段，随着"刘易斯拐点"出现，劳动力工资的上升不断压低耕地地租，当地租小于或等于 0 时，便出现了弃耕抛荒的情况，沦为边际化土地（李秀彬和赵宇鸾，2011）。当这种情况出现在丘陵山区坡耕地时，从坡耕地易发生水土流失的特性来看，本书认为坡耕地的撂荒也是耕地利用生态转型的一种具体形式，与退耕还林、耕地轮作休耕不同，坡耕地撂荒是农户自发的群体性行为。

此外，随着人们生活水平的提高，对物质产品有了更高层次的要求，生态、绿色、有机农产品成了不少城市居民的首选，而耕地利用过程中化肥农药减量少施是生产这类农产品的基本要求。尽管面对农业产能结构性过剩的现状，国家提出农业供给侧结构性改革，在 2018 年的中央一号文件以及《农业部关于大力实施乡村振兴战略加快推进农业转型升级的意见》也都对加快农业转型升级提出了具体要求，因此从农产品需求角度以及国家大政方针的引导方向来看，减少耕地利用过程中化肥农药施用量将是我国新时期耕地利用生态转型的又一重要形式。

当然，我国地域辽阔，耕地资源分布广泛，在社会和经济的发展驱动下还可能存在其他形式的耕地利用生态转型。

1.2.4　丘陵山区耕地利用生态转型

丘陵山区耕地利用生态转型强调耕地利用生态转型发生的区域在海拔200 米以上、地势起伏明显的地带。因此，结合丘陵山区的耕地利用特征，现阶段丘陵山区自发型耕地利用生态转型的形式主要是坡耕地的撂荒，政府主导型耕地利用生态转型的形式主要是西南石漠化区域的休耕，此外，还包含可能正在发生或即将要发生的其他形式。就目前社会需求导向和国家意识行动的推动来看，推进耕地利用过程中减少传统化肥农药施用量将是耕地利用生态转型的一种新的形式。需要注意的是，退耕还林也是我国丘陵山区耕地利用生态转型的一种形式，但退耕还林工程的实施已经接近尾声，不是现阶段丘陵山区耕地利用生态转型的主要形式。因此，本书将以坡耕地撂荒、西南石漠化区域的休耕以及耕地利用过程中化肥农药减施作为丘陵山区耕地利用生态转型的主要形式开展研究，前两者分别对应自发型耕地利用生态转型和政府主导型耕地利用生态转型，耕地利用过程中化肥农药减施作为一种新的可能形式，我们将从农户自发以及政府主导两个方面进行探讨。

1.2.5　农户

农民是在土地上从事农业生产，从农业中获得生活资料的人。户是共用同一住所或家庭来定义的社会单元。因此，农户可以定义为建立在婚姻和血缘基础上主要从事农业经营和农业生产的具有一定社会功能的组织单元。假如，一个家庭根本就不从事农业生产，那么实际上它也就不具备农户的基本特征，因此，也就不能称为农户了。区别于其他的农业生产组织，农户的本质特征是以家庭契约关系为基础的农业生产活动与家庭相互作用，正是这种由婚姻和血缘缔结的家庭契约关系，使得农户具有生产和消费二重属性。因此，对农户来说，农业生产往往具有多重目标，并且农户会根据家庭的目标对投入农业生产中的要素（土地、资本和劳动力）进行分配。农民作为社会集团的一部分，会随着社会的发展变化而变化。因此，农户并不是农民集体内同样的、同一的、具有同等地位和前景的所有农业家庭，根据作用于农民社会的各种力量的性质和不同农户对这些力量的适应方式，农户之间会出现异化，并且异化程度会随着社会的发展逐渐加深。本书农户是指建立在婚姻和血缘基础上从事农业经营和农业生产的具有一定社会功能的组织单元，且农户成员由常驻（每年在家 6 个月以上）人口组成，不包含常年在外务工人员。

1.3　国内外研究进展

1.3.1　土地利用转型

土地利用转型一词是由 Walker 于 1987 年在分析发达国家森林砍伐时提出的，但当时土地利用转型的含义是指森林采伐地被伐木工遗弃后经由农户开垦为农地的过程，实质上是指森林向农用地转变的用途转换过程（Walker，1987），并不是真正意义上的土地利用转型，真正意义上土地利用转型的研究源自森林转型的假说。20 世纪 90 年代初，英国地理学家 Alexander Mather 在观察欧美发达国家森林面积变化时，发现森林面积随着经济社会发展由持续减少转而扩张，也即森林转型假说（Mather，1990，1992，1998，1999）。随后英国利兹大学地理学家 Grainger（1995）在前者的启发下从国家土地利用形态（national land use morphology）变化角度提出了土地利用转型（land use transition）的概念：各类土地面积从扩张到收缩或者从收缩到扩张，对应着国家经济发展的阶段转换。21 世纪初，龙花楼研究员受 Grainger 有关国家土地利用形态文章的启发，将土地利用转型引入其博士后研究工作中，正式开启了国内关于土地利用转型的相关研究。土地利用转型这一概念，最初引入中国时是指与经济社会发展阶段转型相对应的土地利用形态在时序上的变化，其中土地利用形态指的是某一区域在特定时期内由主要土地利用类型构成的结构（龙花楼，2002）。这时，土地利用转型的内涵还相对单一，相关研究主要考察特定时期内区域土地利用类型结构的变化,如龙花楼(2002)分析了1987~1995年长江沿线带各区段耕地和建设用地的变化。随着社会的发展和研究的不断深入,土地利用转型的内涵逐渐丰富,土地利用形态被拓展为包含有显性形态和隐性形态两种形式(龙花楼,2016)。据此,龙花楼等(2015,2016)认为现阶段土地利用转型的概念为在经济社会变化和革新的驱动下,一段时期内与经济和社会发展阶段转型相对应的区域土地利用由一种形态(含显性形态和隐性形态)转变为另一种形态的过程。此外,在概念界定上,李菁等(2015)提出城市土地利用转型是指土地利用形态或方式在时序上的变化,它通常与经济和社会发展阶段的转型相对应,他认为城市土地利用转型应该包含利用方式上的转型。宋小青(2014)认为耕地转型可以理解为耕地形态变化的趋势性转折,耕地形态可以从空间形态和功能形态两方面度量。

作为土地利用变化学科的新兴研究领域,不少学者热衷于验证"森林转型"假说,或者从自己的研究领域提出相关土地利用转型的假说并加以验证。"森林转型"假说先后在发达的欧美国家和南亚、东南亚、中美洲等发展中国家得到印证后(Meyfroidt and Lambin,2009;Palo and Vanhanen,2000;Yeo and Huang,2013;Heilmayr et al.,2016;Singh et al.,2017;Truong et al.,2017;Andoh and Lee,2018),中国的森林转型也受到了国际土地利用变化研究领域的关注。Mather(2007)、Lambin(2010,2011)和李秀彬等(2011)都先后分析了这一问题,Mather认为中国森林转型发生在1980年左右,李秀彬和赵宇鸾(2011)认为考虑到数据的可靠性,把中国的森林转型时间定在1980~1990年这一较宽的时段比较可靠。龙花楼(2006)结合中国土地管理的实际问题提出了中国农村宅基地转型趋势的理论假设:随着社会经济的发展,农村宅基地在增加的建设用地总量中所占比例将由高逐渐降低,直到这一比例趋向于一个固定值。该理论假设在其长江沿线带农村宅基地转型研究中得到验证。杨永春和杨晓娟(2009)在分析中国城市土地利用结构转型时提出计划经济体制向市场经济体制转型过程中,中国城市土地利用结构与空间模式不断向市场经济体制的理论模型靠近,但仍保持了计划经济时期的部分特征,并用了兰州市1949~2005年的土地利用数据加以实证研究。此外,还有关于区域土地利用转型模式的探究,陈龙等(2015)运用多视角的分析方法发现1985~2008年江苏省土地利用变化经历了"缓慢变化—剧烈变化—缓慢变化"的倒U形转型规律。关于区域土地利用转型模式，龙花楼（2016）总结到：区域土地利用转型过程/模式实质上是不同利益部门在土地利用类型冲突中的动态博弈过程，其结果是实现了土地利用系统由形态向质态的转变。

根据土地利用变化学科的研究思路，大多数学者们依然遵从"土地利用变化—驱动机制—环境效应—政策响应"这一框架开展土地利用转型的相关研究。

与土地利用变化相对，这一阶段土地利用转型研究主要是对土地利用转型的诊断。杨永春和杨晓娟（2009）根据城市土地利用结构，也即各类型土地的占比变化来表征城市土地利用形态的转型。吕立刚等（2013）按照"生产—生态—生活"土地利用主导功能分类研究了区域的土地利用转型。王福红等（2017）通过区域各土地利用的数量和空间变化来表征区域土地利用形态的变化。戈大专等（2017）通过选取地均化肥投入、灌溉系统、复种指数和地均农业机械作为评价区域土地利用强度的指标，以区域土地利用强度变化表征土地利用形态变化。此外，史洋洋等（2017）、张英男等（2016）和刘永强等（2015）也都分别从土地利用转型矩阵、土地利用数量变化和土地利用的时空变化等方面诊断土地利用转型。从上述文献看，这些学者对土地利用转型的诊断基本还是基于龙花楼关于土地利用形态的内涵进行的，即将土地利用形态（显性形态和隐性形态）中的一种或多种形态作为转型的诊断依据。但土地利用形态变化只是一方面，如何探寻土地利用形态长期变化过程中的趋势性转折才是难点，从现有的文献看，大家对土地利用转型的诊断还处于土地利用形态变化的判断上，缺乏对趋势性转折点的诊断。为了更好地开展土地利用转型的诊断研究，宋小青（2017）在其《论土地利用转型的研究框架》一文中，从诊断路径、分析视角、分析指标等方面构建了土地利用转型的诊断准则。

在土地利用转型的驱动机制方面，Rudel（2005）最早归纳了森林转型的经典路径，即"经济增长路径"和"森林短缺路径"，在往后的森林转型假说的验证研究中，不少学者便是从这两条路径对不同区域和国家森林转型进行解释，借此希望提出相应的调控政策。Lambin（2010）对此进行了升华，他认为土地利用转型的解释框架可以综合为"社会—生态负反馈（socio-ecological feedback）"或"社会—经济动态（socio-economic change）"。前者是指因生态系统服务供给下降或关键资源枯竭引起的，属于内生动力；后者是指独立于生态系统之外的社会经济文化等变化所引起的，属于外生动力。该驱动机制理论得到学术界的广泛认可，并将它作为土地利用转型研究框架的重要部分（龙花楼，2015；宋小青，2017）。在结合典型区域的实证研究中，张英男等（2016）从社会经济因素角度考察了 2000～2014 年鄱阳湖生态经济区土地利用转型发生的热点区域的驱动影响，结果发现社会经济发展所导致的土地供需矛盾是区域土地利用形态发生变化的主要动因。龙花楼（2012）从社会经济、生物自然以及土地管理三个方面阐述了我国现阶段耕地和农村宅基地利用转型的驱动力。由于土地利用转型研究往往强调对应的社会经济发展背景，在考虑土地利用主体差异的情况下，开展相应转型过程中驱动因素的研究还相对较少。

在土地利用转型的环境效应方面，国内外不少学者都开展了相关研究，王福红等（2017）探究了 1987～2016 年黑河中游地区土地利用转型过程中区域生态质量的响应规律。吕立刚等（2013）考察了 1985～2008 年江苏省土地利用转型过程中区域生态环境质量的变化。Nuissl 等（2009）从地表径流、地下水补给、土壤过滤能力等方面构建了城市土地利用转型过程中环境影响的评价指标。Ojoyi 等（2017）则重点研究了坦桑尼亚的土地利用转型过程中土壤氮含量的变化。Liu 等（2015）评估了 2000～2010 年中国黄淮海平原地区的土地利用转型过程中水环境的影响。Li 等（2016）分析了 2000～2010年全球不同区域的森林转型过程中植被功能类型的变化。Zhou 等（2015）分析了在城乡发展转型过程中能源消费和碳排放效应的区域性差异。Loïc 等（2013）则预测了山区森林转型的空间分布及其对生物多样性造成的可能威胁。Lou 等（2014）评估了快速城镇化过程中土地利用转型对生态服务功能的影响。此外，国内学者将土地利用转型结合到我国土地管理重大问题研究中，开展了不少土地利用转型的社会和经济效应方面的研究。如戈大专等（2017）研究了 1990～2010 年黄淮海地区土地利用转型与粮食产量的耦合关系，认为土地利用转型推动粮食生产格局不断演化，二者耦合关系呈现出由"拮抗"到"协调"的转化过程。向敬伟和李江风（2018）研究了鄂西贫困山区耕地利用转型对农业经济增长质量的影响。

无论是对土地利用转型相关理论的发展，还是对土地利用转型驱动机制的探索，又或是对土地利用转型效应的评估，都是为了更全面深刻地理解土地利用转型的发生机制，以期提出合理的宏观调控政策引导土地利用形态向更有利的方向转变，这也是国内学者热衷于将土地利用转型研究与国内土地利用管理重大问题相结合的原因。龙花楼和李秀彬（2002）在划分长江沿线样带土地利用变化的区域类型基础上，利用社会经济统计数据，分析了各区段耕地和建设用地的变化，研究结果表明样带各区段所处的农村建房用地转型阶段与整个样带的社会经济发展水平相吻合，基本上能反映整个样带的区域土地利用转型，并提出在制定有关土地利用政策的过程中，应充分考虑各区段所处的土地利用转型阶段。龙花楼和李婷婷（2012）分析了2000～2008年中国耕地和农村宅基地利用转型的时空耦合特征，结果发现"农村人口—耕地—农村宅基地"三者之间的相关联系与相互作用驱动着耕地和农村宅基地利用的转型，在转型这一过程中，土地管理制度对土地利用变化起到了直接决策作用，主要是通过产权制度、价格机制、土地管理政策等直接影响土地利用变化，而目前我国缺乏针对闲置宅基地的处理制度和法规，加上新建房屋宅基地审批制度不健全等导致政府在农村宅基地管理调控方面手段乏力。李菁等（2015）认为城市新增建设用地与耕地利用之间的矛盾以及城市土地的粗放低效利用已经制约了我国的经济发展，因此提出促进城市土地利用应该由增量土地利用向存量土地利用转型的政策建议。

从具体的土地利用类型看，已有研究分别对森林、城乡建设用地和耕地等开展了转型研究。对森林转型的研究大都是从国家或区域层面对"森林假说"的验证及其驱动机制的解释。有关城乡建设用地转型研究主要是从我国特殊的城乡二元发展结构的视角下研究在快速城镇化和工业化的发展背景下城乡建设用地的转型路径。鉴于我国特殊的人地关系，耕地利用转型方面的研究近来在国内受到较高重视。首先，在概念的界定上，学者们主要还是承袭土地利用转型的概念提出耕地利用转型概念；其次，在内涵上，宋小青（2014）提出应该重视从功能形态路径研究耕地利用转型，原因是耕地保护对当前我国的粮食安全、区域生态安全、城乡一体化发展等方面都具有重要作用，这决定了耕地功能多元化的发展态势。概念内涵也常常作为学者们诊断耕地利用转型的依据，如李全峰等（2017）从土地利用转型的概念内涵出发以耕地利用的显性形态视角构建转型特征的识别框架；朱传民（2016）从耕地的显性形态（面积变化）、隐性形态（耕地质量、农业产值、耕地非量化、农作物单产水平、复种指数等）构建曲周县耕地利用转型的指标体系，研究在乡村快速发展的背景下耕地利用转型及其调控；向敬伟（2018）则从耕地的空间形态和功能形态测度耕地利用转型，用以研究贫困山区耕地利用转型对农业经济增长质量的影响。尽管耕地利用转型在国内学术界保持较高热度，但相关研究还存在以下不足：学术界还未形成统一的耕地利用转型概念及其研究框架，大部分研究主要还是基于土地利用转型的概念框架下进行的，没有体现出耕地区别于其他土地类型的利用差异和特点，尤其缺乏对转型过程中耕地利用主体行为的考察，忽视了新时期耕地利用转型的重要方向。

1.3.2 耕地利用生态转型

耕地是一个半人工半自然的复合系统，这是区别于高度人工化的城市土地系统和自然程度较高的森林系统最主要的地方，因此耕地利用注定要协调人、自然和社会的关系。人指的是耕地利用主体，对耕地的利用方式、利用的面积等有最直接的决策作用；自然指的是耕地系统中的自然环境，以及在更大生态系统中除耕地以外的其他自然环境；社会指的是耕地所处的社会经济环境，包括区域政治、历史、文化和经济环境。

从新中国成立到20世纪80年代中期，耕地在我国的作用一直以保障农民基本生活和维护国家粮食数量安全为主（宋小青，2014），这期间耕地经历了从粗放利用到集约利用的转变，农业经历了传统农业向石油农业的转变，荒山荒坡甚至于森林被开垦成耕地。在这一时期，耕地利用以注重经济产出为目标。20世纪80年代后期，各种环境问题开始凸显，水土流失严重、土壤重金属污染肆虐等为我国土地利用生态安全敲响了警钟，协调好耕地利用过程中人、自然和社会的关系显得尤为重要。为此，国家层面先后推行"退耕还林"工程、耕地轮作休耕试点等政策措施促进土地利用的可持续，也就是说现阶段我国正在经历土地利用方式的变革，从注重经济产出的利用方式向生态可持续的利用方式转变，或者称之为耕地利用生态转型。

在这里，我们主要对耕地撂荒、休耕以及耕地利用过程中化肥农药减量少施这几个方面进行综述。

（1）农户自发的耕地利用生态转型——耕地撂荒。据估计地球表面的土地转化或退化中由于人类活动造成的占39%~50%，其中农业变化占了绝大多数（Vitousek，1997；Kareiva，2008）。耕地利用变化可能是影响自然环境保护的最重要因素（Vitousek，1997）。耕地利用变化一般可以分为以下两种类型：一种是耕地的扩张，主要是由土地开发驱动的；另一种是林地的恢复，即农地弃耕，主要是由于工业化和人口城市化带来农地边际化（Izquierdo，2009）。

农地边际化是欧美发达国家和新兴工业国普遍发生的土地变化现象。至今，欧洲南部山区、日本和东欧国家的弃耕抛荒现象仍在持续（Cocca，2012；Robledano-Aymerich et al.，2014；Lasanta et al.，2017）。据估计，日本在 1995～2005 年，累积弃耕面积占总面积的 2.8%（Brouwer，2008）；西班牙在 20 世纪 80 年代末到 90 年代末有 8% 的耕地弃耕（Pointereau，2008）；而东欧国家近年来的弃耕程度更高达 10%～20%（Cramer，2007）。农地弃耕后带来的环境问题和农户生计是近年来关注和争论的焦点（Zavala，1997；Ignacio，2011；Latocha et al.，2016；Jesús et al.，2017；Asunción et al.，2017）。由于土地的废弃和人口的迁移，山区从过去对土地的过度利用转变成社会和经济的孤岛（Arnaze，2011）。

耕地撂荒的影响因素具有尺度效应（Cocca，2012）。有关研究认为在局部尺度上，有地形（如高程和坡度）（Mottet，2006）、土壤因子（如土壤厚度和侵蚀）（Bakker，2005）、气候因子（Gisbert，2005）、农户从业选择因子（Rey，2007）和可达性因子（Nagendra，2003；Pazur，2014）等。但上述研究成果是基于小区域尺度得到的，是否能推演到大尺度上，还不太明确（Bakker，2011）。在景观尺度上，农地弃耕后林地恢复的社会经济条件比自然生物条件更重要。在景观尺度上土地价格、到城市或道路的距离等可能是林地恢复的重要预测因子（Crk，2009）。Crk（2009）在对 Puerto Rico 林地恢复的研究发现，林地增加更有可能在低海拔区域出现，而不是高海拔区域，经济发展和城市化在 Puerto Rico 林地恢复中起着重要作用。在区域尺度上，经济和社会因素是重要的驱动变量（Cocca，2012）。

因此，由于耕地撂荒的复杂性和尺度依赖性，影响这一过程的驱动力辨识需要综合考虑社会经济、生物自然等因子（Lambin，2001）。要建立科学合理的土地利用变化社会经济和生态方案，驱动力的认识程度是重要的先决条件（Gibon，2010；Houet，2010）。由于农地弃耕是社会和环境多维现象相互作用引起的，其驱动力研究依然不足（Sluiter et al.，2007；Gellrich et al.，2007；Cocca，2012）。

目前国内学者对耕地抛荒的研究主要集中在耕地抛荒概念的界定、抛荒类型划分、抛荒特点、抛荒的定量测度以及引起抛荒的原因等方面（谭术魁，2004；刘润秋和宋艳艳，2006）。国内学者分别从农村劳动力转移、农业生产效益、耕地自然状况、劳动力机会成本上升和土地流转制度等方面探析了耕地抛荒的原因（谭术魁，2004；尹坤，2011；邾鼎玖，2000；杨涛，2003；卿秋艳，2010；李文辉，2014）。

关于农地边际化的文献也不多，主要集中在务农机会成本上升、劳动力迁移和惠农政策对农地边际化的影响，以及农地边际化对丘陵山区农地经营及经济与社会的影响等方面（马清欣和何三林，2002；黄利民，2009，2010；田玉军和刘成武，2009；定光平等，2009；李秀彬和赵宇鸾，2011；邵景安等，2014）。如田玉军和李秀彬（2009）以宁夏回族自治区为案例的研究表明劳动力机会成本上升对农地利用变化产生明显影响，在目前农地流转不畅的情况下，农村劳动力的迁移会进一步加深农地边际化程度（黄利民和张安录，2010）。

在市场经济条件下，由于农户土地投入、土地保护行为的差异性和农户生计多样化，会使农地弃耕问题更加复杂（韩书成等，2005；谭淑豪等，2001；王鹏等，2004；孔祥斌，2008）。张佰林等（2011）将农户分为纯农户、Ⅰ兼业户和Ⅱ兼业户，在此基础上分析每种类型农户耕地撂荒行为的影响因素，发现农户农业收入对Ⅰ兼业户的撂荒行为是负向影响的，但对另两种类型农户的影响并不显著。葛霖等（2012）从农户视角分析了贵州省毕节市团结乡山区耕地撂荒原因，认为农业比较效益低、农业生产条件差、农户劳动力缺乏是该地区耕地撂荒的主要原因。李赞红等（2014）从缺失型农户、基本型农户、自然资产型农户和人力资产型农户对农户撂荒及其影响因素进行了研究。李文辉和戴中亮（2014）认为农户家庭成员的职业分布、年龄分布、教育程度和收入来源都会造成农户家庭收入的差异，真正影响农户抛荒行为的主要是农户家庭的"收入效用临界点"。耕地抛荒的形成受到了社会、经济、文化、政策等多种因素的影响，是经济发展过程中各种问题的综合反映（中南大学课题调研组，2010）。因此，基于主体行为视角研究农地弃耕带来的土地生态转型问题，具有重要的现实价值。

（2）政府主导型耕地利用生态转型——耕地休耕及管护。从已有的研究来看，为了改善土地利用过程中带来的环境问题和粮食过剩等问题，一些发达国家和地区都根据自身不同的情况开展实施土地休耕计划（沈孝强等，2016；卓乐和曾福生，2016；刘沛源，2016；饶静，2016），如美国的土地休耕保护储备计划（CRP）、欧盟的土地预留计划以及日本的稻田转种计划等。耕地休养的耕作形式虽然在我国古已有之，但真正形成制度并有明确的社会目标还是近年来才有的事情。赵雲泰等（2011）、黄国勤和赵其国（2017）、揣小伟等（2008）以及张慧芳等（2013）探讨了现阶段中国实行耕地轮作休耕制度的必要性和可行性。由于土地休耕是需要农户参与的一项制度，休耕能否顺利实施很关键的一环就是政府给出的补偿标准是否让农户接受，因此在现有的研究中不少学者都关注农户对休耕补偿标准满意度以及参与意愿等问题，国外不少学者主要探讨了农户对于政策响应与补贴金额高低的关系，如 Lohr 和 Park（1995）的研究表明，在伊利诺伊州，补贴金额每增加 1 美元，土地所有者参与休耕的概率增加大约 4%；Cooper 和 Osborn（1998）基于对假设参与决策的离散响应和参与休耕的亩数建立参与 CRP 项目补贴变化与农户响应之间的计划表，结果显示当补贴从每英亩 30 美元增加到每英亩 90 美元的时候，预计土地休耕保护储备计划（CRP）的参与率会从 30% 增加到 85%。这些研究表明补偿政策作为一项激励措施从很大程度上影响农户对休耕政策的参与度，但从政府的成本角度考虑，提供高额的补偿金额并不是一项明智之举，因此不少学者开展了农户休耕意愿的影响因素研究，如尹珂等（2015）、李争等（2015）、余亮亮（2016）、王学等（2016）、俞振宁等（2016）和谢花林和程玲娟（2017）都开展了这方面的研究。从这些研究结果看，休耕的比较收益、家庭特征、收入情况、耕地质量、作物价格、农户的认知变量等都有可能影响农户的休耕意愿和满意度，从众多影响因素中如何厘清农户休耕行为决策的决定性因素，这方面的研究目前还较少。从休耕制度实施的环境和生态效应看，不少研究发现 CRP 工程实施 20 多年来，美国的水土流失明显减少，土壤质量显著提高，环境质量大为改善；Barling 和 Moore（1994）、Fennessy 和 Cronk（1997）、Wenger（1999）和 Dosskey（2001）发现引入土地休耕计划是解决农业面源污染的有效方法。实际上，休耕政策的实行并不总是带来正面效应，休耕后如果缺乏后续管理会带来水土流失等负面影响（Wu and Xie，2017），如日本休耕转作项目带来了土地抛荒现象，特别是山区土地抛荒引发水土流失等现象（Wu and Xie，2017）。由于我国的休耕试点还处于起步阶段，对应的环境和生态效应还没有显现出来，因此相关的研究还比较少。

耕地退出生产之后需要进行长期的修复和管护工作（朱隽，2017）。但是从我国之前的耕地管护工作来看，成效并不理想，很多地区的耕地没有得到有效管护成为荒地，降低或失去了生产能力，甚至被转为非农业用途。这主要是因为耕地管护工作涉及众多的利益相关者，包括中央政府、地方政府和农户，它们之间因为利益目标不同而产生利益冲突，使耕地管护工作的效果充满不确定性（吴泽斌和刘卫东，2010）。因此分析耕地管护中主要利益相关者的利益冲突并寻找有效的协调对策，对于有效管护耕地，提高耕地产能，巩固休耕成果来说意义重大。

　　近年来许多国外学者针对耕地管护工作中参与者利益冲突问题，运用博弈理论和分析模型剖析它们之间的博弈焦点和实现博弈均衡的条件，提出有效的对策。Berkman（1965）认为博弈理论是土地利用和管护决策中一种重要的分析工具，只有协调好各参与方的利益关系才能有效管护土地，提高土地利用效率。Zellner 等（2009）基于博弈理论中的囚徒困境模型分析了农田管护过程中的利益冲突问题，认为政府运用行政工具进行协调和补贴是提高农田管护成效的有效途径。Samsura 等（2010）针对荷兰土地开发与管护中的几个案例，从利益相关者的角度，结合博弈论分析政府、土地开发商和居民等利益相关者的策略博弈。Ito（2012）运用演化博弈模型分析了中国云南农村在建设灌溉系统和管护农地工作中群体决策演化过程。

　　近年来，国内学者也逐渐把博弈论引入耕管护问题研究中，并取得了丰硕的成果。黄文清和张俊飚（2007）认为耕地管护有较强的正外部性，政府需要根据实际情况结合承诺机制、信息共享等多种途径，增强农户管护耕地的意愿。许恒周（2011）认为耕地管护中政府和农户的利益冲突是导致耕地管护效果不理想的主要原因，并运用完全信息动态博弈模型提出了对策建议，包括加大对地方政府监督力度和对农民的补贴等。王利敏和欧名豪（2011）也认为补贴农户可以有效促进耕地管护的观点，同时政府需要支付给农户一定的信息租金，可以减少信息不对称情况，提高耕地管护的效率。钟骁勇和肖泽干（2013）基于演化博弈分析，认为农户是否管护耕地取决于管护和不管护耕地的利益差距，因此政府需要提高农户管护耕地的经济效益。毋晓蕾等（2014）认为要实现耕地有效管护，不仅需要中央政府加大对地方政府的监督力度，还需要构建多渠道补贴筹集方式，减少政府的财政负担。

　　梳理已有研究发现，针对农户休耕意愿的研究较多，这为揭示农户休耕决策行为提供了有效借鉴，但将农户进行类型划分，研究不同类型农户的休耕决策行为机理较为罕见。此外，我国休耕还刚刚开始，对休耕后续的耕地管护研究还较少，但我们仍然可以借鉴已有研究从利益相关者角度分析休耕地在后期管护过程中参与者利益冲突问题。

　　（3）耕地利用生态转型的重要趋势——耕地利用过程中化肥农药减量少施。20 世纪 90 年代中国开始步入石油农业时代，此后的 20 多年里我国化肥农药施用量不断攀升，以化肥为例，2013 年我国化肥投入量达 5912 万吨，平均每公顷化肥投入量高达 328.5 公斤，远高于世界平均水平（120 公斤/公顷），是美国的 2.6 倍与欧盟的 2.5 倍（农业部，2015）。尽管化肥农药的使用能够带来农业增产，过去的 20 多年，化肥农药确实为我国粮食安全作出重大贡献，但长期过量使用化肥农药的弊端也逐渐显现。因此，很多国内外学者对长期使用化肥农药所引发的环境问题进行了研究（徐谦，1996；李秀芬等，2010；饶静等，2011；刘钦普，2014；FAO，2015；邓明君等，2016），得出的结论主要有：①化肥、农药等污染物通过农田排水和地表径流污染地表水体；②降雨造成化肥农药淋溶污染地下水体；③长期过量使用化肥农药造成土壤退化；④化肥农药的使用会增加农业碳排放。基于化肥农药的使用对环境安全的威胁，不少研究从当前我国化肥农药的使用现状、利用效率和区域差异等方面进行了分析（陈同彬等，2002；同延安等，2004；张四代等，2007；张智峰和张卫峰，2008；李红莉等，2010；杨帆等，2013；刘钦普，2014）。

农户是化肥农药使用的直接决策者，因此，从农户层面分析化肥农药使用的影响因素、化肥农药减量少施的意愿及其影响因素是主要研究方向。纪月清等（2016）分析了化肥市场差异化对农户化肥施用量的影响，结果显示农户所购买化肥的差异化程度对农户过量投入化肥具有显著影响。仇焕广等（2014）发现农户规避风险是导致化肥过量施用的重要原因，此外，劳动力机会成本、户主受教育程度以及土地质量也是影响农户过量施肥的重要因素。陈驹嵘等（2018）以中国 12 个省份 36 个市 238 个农户为样本，分析了农户农药化肥零增长行动选择的参与意愿，研究结果表明农户年龄、农户受教育程度、鱼塘面积和种植作物种类数目对农户农业化肥零增长行动参与意愿具正向显著的影响。田云等（2015）基于湖北省的农户调研数据，分析了农户执行低于标准的农药化肥使用量时的意愿，结果发现耕地面积小、务农年限长、户主为男性的农户更倾向于选择低于或按照标准施用化肥和农药。邝佛缘等（2018）通过对江西省 2028 份农户数据分析发现，农户生态环境认知对农户的农药化肥减量没有必然的因果关系。葛继红等（2010）运用 Probit 模型对江苏省 376 户农户选择环境友好型技术（包含化肥农药的减量少施）的影响因素进行了分析，并运用 Tobit 模型分析影响环境友好型技术采用强度的因素。其研究结果表明，示范户、拿到配方卡、参加培训次数越多及所在乡培训总人数越多的农户越倾向选择环境友好型技术；在环境友好型技术采用强度方面，年龄越小、务农为主、科学施肥能力越强、拿到配方卡和参加培训次数越多的农户，其环境友好型技术采用倾向越高。张利国（2011）运用 logistic 回归分析考察了江西省 278 户农户从事环境友好型农业生产行为（包含化肥农药的减量少施）的因素，实证结果表明，文化程度、家庭种植面积、是否参加过环境友好型农业培训、是否接受过环境友好型农业技术指导以及对环境是否关心等因素，显著影响农户从事环境友好型农业生产行为。从上述文献可以看出，不同学者基于不同地区选择不同的影响因素，分析的结果往往不同，有时甚至会出现相反的结果。

事实上，对农户来说，舍弃传统农业生产技术采用环境友好型的耕地利用方式是需要转换成本的，同时技术转换带来的效益又是不确定的（向冬梅，2011；孙良媛，2004），这一点使得大多数农户不愿意采用环境友好型耕地利用行为，因为这充满了风险。为此，发达国家和地区如欧盟、美国、日本等都颁布了各自的化肥减量政策，以期达到化肥减量使用的目的。总结起来，大概包括这几项：一是化肥减量减施的补偿政策；二是化肥农药施用征税制度；三是有机肥补贴政策；四是农产品绿色认证，完善价格机制。从国内学者和相关专家的研究来看，已有不少学者开始专注我国化肥农药减量实施的适宜政策及相应政策效果的研究。李芳等（2017）通过梳理和分析欧盟、美国和日本等代表性国家和地区化肥减量政策的具体做法、实施效果和适用条件，以期发现化肥减量政策在环境取向制定时的共同规律和一般条件，从而为中国化肥减量政策的制定提供可行性的建议。尽管上述学者都结合了中国农户的实际情况提出了化肥农药减施的政策建议，但需要注意的是，他们都没有将农户的异质性考虑进去，不同类型农户化肥农药施用的行为决策差异是怎么样的，如何针对这些差异提出适宜的政策将是重要的研究方向。

1.3.3　国内外农户模型研究

农户模型分析是用来描述农户内部各种关系的一种与一般经济理论相一致的经济模型（张林秀，1996）。长期以来，学术界关于小农行为与动机的争论就没有停止。学者们对小农经济行为的研究可以划分为几个经典的学派，包括以亚当·斯密、马克思为主要代表人物的小农转换学派，以查雅诺夫为代表人物的生存小农学派，以舒尔茨为代表的理性小农学派，以及结合中国时代背景和农户特征对小农进行研究的以黄宗智为代表人物的商品小农和以徐勇、邓大才为代表的社会化小农。

在马克思主义的农民理论论战中，核心问题是小农生产形式在占支配地位的资本主义生产方式下的持续性和稳定性。古典马克思主义的代表人物列宁认为，作为一种独立生产形式，小农必然地在资本主义生产关系对其施加的压力下逐渐消亡，这也是一些国家进行小农改造和发展规模化集体经营的依据。与之对立的另一条思路认为农民共同体的社会规范是互惠而非单个农民利润最大化（Scott，1976），农业生产所面对的自然和技术条件的特殊性使农业生产对资本没有吸引力，故小农经济能够无限期的再生产。马克思小农学派始于19世纪，主要以英、德、法等西欧国家的小农为研究对象，此时的小农处于快速的两极分化之中，农村矛盾极度尖锐。该派理论以此为基础，分析小农的行为和动机，但它无法解释与它假设相反的"社会化与家庭小规模经营兼容"背景下小农的动机与行为。

俄国农业经济学家查雅诺夫（A. V. Chayanov）于1920年首先分析了农民家庭行为（Thorner et al.，1966）。他当时并不认同马克思主义者关于小农的认知，在土地调查员的工作期间通过与农民交流，对土地进行调查，他认为小农以生存为目的，生产是为了生存，而非利益。故后来的学者也将查雅诺夫的农民理论称为生存小农。20世纪60年代，Mellor（1963）、Sen（1966）和Nakajima（1970）用不同方式分别阐述了查雅诺夫的农民模型。概括讲，查雅诺夫农民模型是家庭效用最大化理论，也即"劳动均衡理论"。该理论特别重视农民关于家庭劳动投入的主观决策，农户的家庭经营决策主要取决于需求满足程度和劳动辛苦程度之间的基本均衡状况，也就是说该模型包含了农民家庭决策中的生产和消费两个方面，农户通过家庭效用最大化来进行经营决策。该理论的基本假设主要包括：①不存在劳动力市场，即家庭既不雇用外部劳动力，家庭成员也不从家庭之外获取工资收入；②农业产出即可留作家庭消费，也可在市场上出售；③每个农民家庭可以根据需要而获得耕种的土地，也即土地获取是自由的；④农户有最低的收入消费水平保障。查雅诺夫生存小农形成于20世纪20~30年代，主要以俄国革命以前的小农为研究对象，没有将市场纳入分析框架，只能解释前市场化时期传统小农行为与动机，对于市场化、社会化高度发达的小农行为与动机的解释则无能为力。

Barnum和Squire（1979）提出了巴鲁姆—斯奎尔模型，该模型把农户的生产、消费和劳动时间分配结合起来，认为农户会对家庭变量（如家庭规模和结构）与市场变量（如农产品价格、投入价格、工资、技术等）的变化作出反应。该模型作出的假定主要有以下几个方面：①存在劳动力市场，因此，农户可以根据给定的市场工资雇入或雇出劳动；②农户可用的耕地数量一定，至少在所研究的生产周期内不变；③"户内"活动（Z 产品的生产）和"闲暇"两者合并，作为一个消费项目来实现效用最大化；④农户需要出售部分产品以便购买非农消费品及工业品，所以农户的一个很重要选择是多少产品用于自我消费，多少产品用于出售；⑤不考虑不确定性，也不考虑农户的风险行为。

Scott（1976）最早从风险角度分析农户的行为目标和动机，他以 20 世纪初的东南亚小农为研究对象，发现这些地区的农户由于多变的地理气候环境，农作物产量波动很大，常常威胁到他们的生计，加之沉重的地租负担，以及较少的外出务工机会，其经济行为是在生产消费决策中把"生计第一""安全第一"作为中心目标的。Ellis（1998）则从理论上探讨了农户可能面临的风险和不确定性以及他们对农户决策的影响。Roe 和 Graham-Tomasi（1986）将农户模型扩展成动态形式用以考察风险对农户行为决策的影响。Ghodake（1989）用数学规划模型和二次风险规划模型分析农户的生产、消费和劳动力供给对各种约束条件和政策的反应。

美国经济学家舒尔茨曾提出一个著名假说，即发展中国家的家庭农业是"有效率但贫穷"的，这是新古典经济理论在农户行为分析上的应用。他们将农户生产视同企业生产，会理性分配资源，将利润最大化视为其行为目标，也即"理性小农"。他认为农民能够让资源达到最优配置，农民在种植品种的选取、耕种次数、耕种深度、播种灌溉以及收获时间、人工工具选择、灌溉选择渠道和简单设备配合等方面都考虑到了边际成本和收益，各种生产要素都得到了充分利用，那么，对于投入和产出价格变化，农户也会作出符合经济理论预见的反应。波普金是该理论的坚决拥护者，他认为农民比任何企业家都更理性，是以利润最大化为目标的完全的经济理性，他甚至将其书名直接改为《理性的小农》。不可否认，该理论学派对农民经济行为研究历史的贡献，无论是在该学派研究背景的时代，还是在今天，我们都不能否认理性小农的存在。黄宗智等（2012）认为对于经营农场主来说，其农业经营决策行为主要表现为对最大利润的追求。舒尔茨的理性小农学派形成于 20 世纪 60～70 年代，以印度尼西亚、印度、南美等国的小农案例检验其假说，但该理论不仅不能解释市场化、商品化以前的小农，也无法解释非完全竞争、非完全社会化条件下的行为，特别是无法解释当前中国超小经营规模、高社会化水平小农行为。

黄宗智认为 1980 年以来，中国经历了"隐性农业革命"，主要表现为农产品结构的转型，而不是主要作物单位面积平均产量的增长。加之中国劳动力增加率减缓，农民大规模非农就业，在这"三大历史性变迁的交汇"处，伴随着新型农场的兴起：一是高值农产品的"新农业农场"；二是适度规模的"旧农业"农场（黄宗智，2002）。根据黄宗智等《没有无产化的资本化：中国的农业发展》对数据系统梳理，发现小农场仍然是中国农业生产的主体，大约占到 97%，剩余的主要为企业公司大农场和雇用年工经营的较大家庭农场。究其原因是小农家庭的强韧竞争力，他们可以通过农业＋副业的组合或者非农业＋农业的组合来支撑农业生产，通过讨论陈柏峰、林辉煌和杨华来自不同地区（赣南、湖北、安徽）的实证调查研究，他更加确定这种组合模式的农业生产是中国小农经济的主流方式。这种生产模式追求的是两种相互辅助生产的"范围经济效益"，而不是大农场的"规模经济效益"，而这样的小农既是一个利润追求者，又是生计维持的生产者，当然更是受剥削的耕作者。对他们的行为和动机研究应该将企业行为理论和消费者行为理论结合起来，前者追求利润最大化，后者追求效用最大化，同时需要解决如何保护面对大商业资本的小农的利益的问题。黄宗智主张从家庭生产功能和消费功能的角度，分别考察小农的行为及目标，生产者追求利润最大化，消费者追求效用最大化。最后将"生产目标"和"消费目标"统一起来。小农家庭所有的行为与目标都要收敛于家庭的满足，"满足"可以用较为主观的概念"效用"表达，"效用"目标优于"利润"目标，即小农最终追求效用最大化。

邓大才（2006）认为黄宗智的小农理论主要建构于中国 1949 年以前的商品小农，其理论可延伸至 1985 年，但以后中国农村的变化导致黄氏理论的前提假设与现实情况出现大的差异，从而无法解释社会化程度极高而生存非首要威胁的小农行为。此后，邓大才（2012）提出社会化小农理论，他认为当今中国小农不同于传统小农，也不同于社会化大农，它是介于传统小农和社会化大农之间的一种过渡形态的小农，即社会化小农。社会化小农理论是在分析传统小农的基础上结合现下经济社会的快速发展对农户行为变迁的影响而提炼形成的（周陶，2016）。社会化小农学派认为社会化小农是一个与市场相互渗透、以市场为生产生活前提的市场化、社会化小农，不仅农产品是商品，而且农村、农民本身也成了商品，将农业生产过程、大部分农产品和农村、农民推进市场的，是全方位社会化、市场化诱致的货币支出压力，社会化小农追求的目标是追求货币收入最大化（邓大才，2012）。

　　这几个经典的小农理论对所研究时代、所处背景大部分小农的动机和行为具有较强的解释能力。但是它们不能解释超出自己研究范畴、研究阶段的小农行为，更不能解释所有时期、所有小农的行为。黄氏商品小农理论和邓氏社会化小农理论一样，都关注他们认为的当前中国主流的小农行为和动机。他们提出的小农理论不具有普适性，尤其是今天处于经济社会发展转型阶段的中国。根据笔者对邓氏小农的理解，社会化小农的农业生产活动只是辅助的生产活动，家庭成员外出务工是获得主要货币收入的来源，该理论是在黄氏商品小农理论的基础上发展而来的，他更关注农民对货币的追求。值得注意的是，如果按照邓大才等的观点，社会化小农以追求货币最大化为目标，那么他们应该是敢于冒风险的群体，只要有机会获得更高的货币收入，他们都愿意去冒险。但现实生活中，肯定存在这么一类人，这类人并不占据主要地位。因为正在经历经济社会转型的中国地域辽阔，经济发展水平不一，农户的类型是多种多样的。尽管如此，将每一种小农理论放在历史的大框架下都有其合理性，能解释特定的小农行为和决策。

1.3.4　农户模型在土地利用研究中的应用

　　从传统意义上，农户模型是用来分析农户的生产、消费和劳动力供给行为（即农户生产函数、消费函数和劳动力供给函数等）的模型，它将农户行为的相关变量数量化（陈和午，2004；柯水发，2007）。近年来运用农户模型研究国内农户行为的成果颇丰。张广胜（1999）遵循现代经济学的基本假设提出了市场化程度日益提高的农户模型，以助于人们更深入地认识符合中国国情的农户经济行为，为政府的决策制定提供科学依据。张林秀（1996）在对农户经济学理论进行概述的基础上，以张家港和兴化两地农户为研究对象，假定农户以效用最大化为目标，同时受制于农户资源（包括土地和劳动力）、农户的消费需求，并考虑到农户随收入增加而不断提高对休闲的需求构建农户模型，分析两地农户在不同政策环境下的生产行为以及对国家政策的响应。Albert Park 和任常青（1995）首次将价格风险和生产风险考虑到农户生产决策模型中，并利用陕西省 1984～1991 年的县级数据估计了风险条件下的小麦和玉米的生产决策模型。都阳（2000）构建了农户生产决策和消费决策具有可分性、利润最大化过程独立于效用函数的农户模型，用 Probit 模型对中西部甘肃、陕西、河南、江西、贵州和四川六省的 460 户农户参与非农工作的因素进行了系统分析，并指出相应的政策含义。曹轶英（2001）利用农户模型分析了农户粮食种植和销售行为的主要因素，通过农户微观行为方程推断出贸易自由化对粮食安全产生影响的作用机制。以上研究都是把农户作为生产、消费和劳动力供给的综合体来分析国内农户各种行为反应的开拓性研究（陈和午，2004；黄祖辉等，2005）。随着农户参与市场的程度、与城镇的交流越来越深刻，国内利用农户模型分析农户行为决策的研究在 2005 年以后逐渐增多，涉及农户的行为也越来越广泛。利用农户模型分析在国家大的政策背景（退耕还林、土地流转等）下农户的参与行为，杜建宾和姜志德（2013）通过引入生态—经济联合生产概念，构建退耕农户模型并分析工程的补偿机制和激励功能，研究结果表明刚性的补偿机制激励性较弱，在生态—经济生产呈互补关系时，退耕补偿才能促进农户继续参与退耕还林工程。陈训波（2013）利用农户模型对农村土地流转与农村资源配置的关系进行理论分析。柯水发（2007）通过对退耕还林的样本农户数据的分析总结了农户参与退耕还林工程的态度和行为特点，利用农户模型剖析了农户参与退耕还林的行为决策、行为选择及行为激励。在利用农户模型分析耕地利用形态变化对农户行为的影响方面，卢华等（2016）通过在 Sadoulet 和 De Janvry 提出的农业家庭模型中增加土地细碎化程度变量，理论证明出土地细碎化程度对农户农业生产的单位产量成本具有影响，并通过农户数据加以实证。此外，还有不少研究利用农户模型分析市场化程度日益加深的环境背景下农户信贷、投资等经济行为（洪建国，2010；刘贵川，2009；刘晓燕，2008；郭广星，2008；陈鹏程，2008）。在上述基于农户模型的研究中，绝大部分学者将研究区农户作为一个整体进行考虑，缺乏对区域内农户异质性的考虑。

1.3.5 丘陵山区耕地利用

由于特殊的地理环境，丘陵山区耕地利用受到学者们的广泛关注，关注点主要聚焦在丘陵山区耕地利用的机械化发展现状的调查（王升升和耿令新，2016；庹洪章等，2016；刘志杰等，2015）、机械化推进方法的探索（王图展，2013；胡志超等，2011；李耀辉，2017；宋建武和刘恒新，2010）、丘陵山区土地整理模式和关键技术的探讨（陈荣蓉，2012；藏波等，2015）、丘陵山区农户弃耕行为研究（定光平等，2009；刘成武和黄利民，2015；花晓波等，2014）等方面。

上述研究主要存在以下共识：①丘陵山区耕地机械化程度低，制约区域的农业发展；②应通过土地整理和整治等手段改变耕地利用环境，从而推进丘陵山区的农业机械化；③丘陵山区的农户弃耕行为对区域的粮食安全存在威胁。也就是说，目前学术界有关丘陵山区耕地利用研究还处于耕地利用生态转型前的研究阶段，即研究目的主要还是追求耕地单功能经济产出的增加。此外，尽管国内对农户耕地利用行为的研究颇丰，但单独以丘陵山区作为研究对象，研究丘陵山区农户耕地利用行为的文献较少。

1.3.6 简要评述

从以上国内外文献的分析可知，土地利用转型作为土地利用变化研究的新途径，国内外学者从概念、内涵、转型诊断、动力机制、环境效应和政策响应方面都进行了探讨式的研究，取得了不少有价值的研究成果，为本书耕地利用生态转型研究的开展奠定了坚实的理论基础和实证支持。然而，综观国内外现有的研究文献，耕地利用转型研究还存在以下不足：首先，作为一个新兴的研究领域，耕地利用转型概念研究还不够深入。国内耕地利用转型研究大多以龙花楼提出的土地利用转型概念为基础，从耕地利用的显性形态和隐性形态两个方面对土地利用转型进行研究。也有学者认为耕地利用的空间和功能转型才是耕地利用转型的内涵，但不论前者的显性形态和隐性形态还是后者的空间和功能转型，他们都忽视了耕地利用主体在转型过程中的作用。因此，本书将耕地利用主体引入耕地利用转型和耕地利用生态转型的概念中，从耕地利用主体的行为发生方式层面丰富其内涵。其次，由于概念上的缺失，导致目前耕地利用转型研究范式还基本处于"描述—解释"阶段，然而，转型不是法则，研究耕地利用转型的目的是为了发现在对应的社会经济发展时期耕地利用形态的变化规律，从而及早提出调控策略以控制转型的程度和引导转型的方向。在明确了耕地利用主体——农户的基础上，从农户的经济行为决策角度分析耕地利用生态转型的发生机理，有助于耕地利用研究范式向"描述—解释—调控"推进。因此，本书从农户视角出发，研究在不同耕地利用生态转型方式下的行为机理。

在国内，家庭承包责任制使农户事实上成为农村的基本生产单位，政策的制定离不开微观经济行为的研究，因而农户经济行为研究备受国内经济学者的青睐。近几年来，学术界对我国农户经济行为的系统研究取得了许多优秀成果，为本书提供了有益的参考，但不可否认，我国农户经济行为的研究仍不完全，绝大多数基于农户模型研究中习惯将农户作为一个整体进行理论探讨，当现实农户的特征与研究中的农户模型假设稍有偏差时就容易导致政策的偏误。尽管有不少研究对农户进行了划分，但在具体研究中也通常只是利用计量模型验证不同农户之间的行为差异，这种缺乏理论分析和支撑的研究往往因为农户类型划分方法不同、研究区域不同、选取的变量不同造成研究结论出现较大差异，有时甚至是相反的结论，事实上，这并不利于决策部门提出科学的应对措施。无论是农户自发的对坡耕地进行撂荒，还是参与国家推行的休耕工程，又或是在耕地利用过程中减少化肥农药的使用，都是农户经营行为的体现，属于农户经济行为的范畴。因此，本书从农户异质性视角下构建或选取相应的农户模型，系统分析不同农户在耕地利用生态转型过程中的行为机理。

此外，丘陵山区作为耕地利用研究中的热点区域，目前关于我国丘陵山区耕地利用的研究还处于耕地利用生态转型前的研究阶段，也即还在追求耕地单功能经济产出的增加。事实上，无论是农户的自发行为还是政府的主导行为，丘陵山区的耕地利用生态转型正在发生，及时研究丘陵山区的耕地利用生态转型有利于掌握转型的程度和引导转型的方向。

1.4 研究目标和研究内容

1.4.1 研究目标

本研究着眼于区域土地利用可持续，以丘陵山区为典型的研究区，在土地利用转型的概念框架下，结合耕地利用的特征，尝试提出耕地利用生态转型概念和内涵，重点明晰丘陵山区耕地利用生态转型的形式，以农户模型为理论分析工具，以揭示农户异质性视角下耕地利用生态转型的行为机理为核心，以探究耕地利用生态转型优化策略为目标，通过统计分析、计量经济和博弈论等方法，揭示农户异质性视角下耕地利用生态转型的行为机理，探索耕地利用生态转型的优化策略，为耕地利用科学合理转型提供参考依据。

1.4.2　研究内容

在总结前人土地利用转型、耕地利用转型、农户模型等理论方法和实证支持的基础上，从农户异质性视角，立足于土地利用可持续发展的目标，综合运用经济学、农户行为经济学、博弈论等多学科研究方法，科学划分农户类型，构建农户行为决策模型，在理论上界定耕地利用生态转型的概念，明晰其内涵，揭示农户异质性视角下耕地利用生态转型的行为机理。主要研究内容包括以下几个方面：

（1）耕地利用生态转型概念和内涵的界定。梳理土地利用转型以及耕地利用转型研究领域的经典理论和代表性文献，结合国内外耕地利用转型相关研究基础，从我国目前耕地利用方式的趋势性转变着手，理论探讨并阐述耕地利用生态转型的概念和内涵，明晰丘陵山区耕地利用生态转型的发生方式。

（2）丘陵山区农户类型划分及农户模型的构建。梳理国内外经典农户模型，结合农户模型在中国的应用和调研农户的特征，从非农就业机会、是否参与非农就业、非农就业的稳定性三个层面划分农户类型，并通过不同类型农户在农业生产、消费、劳动力配置以及效用偏好的差异，构建了不同类型农户的行为决策模型。

（3）农户异质性视角下耕地利用生态转型行为机理的理论和实证研究。

第一，利用农户模型分析丘陵山区自发型耕地利用生态转型的行为机理，并提出理论假说。在此基础上，基于实地调研的农户数据运用 Logistic 回归分析方法对理论假说进行实证。这部分研究分别对应到书中第 4、第 5、第 6 和第 7 章的第 2 节内容。

第二，丘陵山区政府主导型耕地利用生态转型——西南石漠化地区休耕实际上包含农户休耕参与和休耕管护两个过程，这部分研究首先利用农户模型分析不同农户休耕补偿预期。在此基础上，利用成本—收益分析法计算农户的休耕机会成本，对比现行休耕补偿标准下农户休耕机会成本与农户休耕补偿满意度以验证农户的休耕补偿预期。其次在休耕管护阶段，利用博弈论分析农户与政府之间的利益冲突，计算农户管护耕地的均衡条件。这部分研究分别对应到书中第 4、第 5、第 6 和第 7 章的第 3 节内容。

第三，利用农户模型分析农户在耕地利用过程中化肥农药减施的行为机理，从不降低农户效用的目标出发，理论分析适用不同农户化肥农药减施的政策措施。在此基础上，根据实地调研的农户数据从化肥农药的施用现状、化肥农药的环境认知以及模拟政策选择三个层面对理论分析进行验证。这部分研究分别对应到书中第4、第5、第6和第7章的第4节内容。

1.5　研究方法

（1）文献归纳法。文献阅读与归纳是有效开展研究工作的基础前提。为了更好地实现研究目标、完成研究内容，本书将首先对国内外关于土地利用转型、耕地利用转型、农户模型及相关领域的研究进展和研究成果进行系统地梳理与回顾。一方面有助于"站在前人的肩膀上"，将已有的研究成果为我所用；另一方面也可发现现有研究的不足和需要改进之处，为本研究进一步深入分析提供基础。

（2）问卷调查法。本书在研究区安排了较多的实地调研和问卷调查。综合运用问卷法、访谈法和资料收集法对研究区农户和土地利用的相关现状进行深入调查，采取国际上通行的分层随机抽样法进行抽样，利用目前全球农村工作和研究人员广泛接受的参与式农村评估法（PRA）进行农户调查，在抽样调查的基础上采取定性和定量相结合的分析方法，深入剖析不同类型农户的耕地利用生态转型的行为机理。

（3）统计分析法。统计分析或比较分析是最能直接反映数据特征及其基本情况的。本书将结合统计数据和农户微观调查数据，运用描述性统计分析的方法，分析当前农业劳动力的基本情况，以及不同类型农户的农业投入产出结构。

（4）经济计量分析方法。经济计量分析方法是用统计推断对经济变量之间的关系作出数值估计的一种数量分析方法，采用合理且恰当的经济计量模型或工具对数据进行分析和解读，往往能够使研究过程更具科学性和严谨性，得出的研究结论也更具说服力。因此，本书拟借助经济计量方法，系统分析不同类型农户，在不同形式的耕地利用生态转型下的行为机理。

（5）博弈论分析方法。博弈论分析方法是研究对抗局势的模型和探索最优对抗策略。其基本假设是：参与人都希望在竞争中获胜，并且有各自的目标以及能分辨竞争结果的优劣。因此，博弈论常常作为利益相关者的利用冲突分析中的有力工具。国家的休耕工程在实际的耕地管护工作中存在明显的参与者利益冲突问题，运用博弈论理论和分析模型剖析它们之间的博弈焦点和实现博弈均衡的条件，从而提出有效的对策。

1.6 技 术 路 线

图 1-2 为本书的技术路线图。

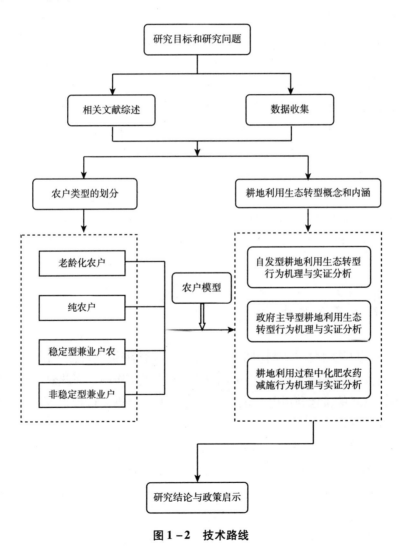

图 1-2 技术路线

1.7 可能的创新与不足

1.7.1 可能的创新

（1）研究视角。本书聚焦于丘陵山区异质性农户的土地利用行为，从非农就业机会、是否参与非农就业以及非农就业的稳定性三个层面划分农户类型，并通过不同类型农户在农业生产、消费、劳动力配置以及效用的差异，阐述不同农户在耕地利用生态转型中的行为机理。

（2）研究内容。充分考虑农户在耕地利用过程中的重要作用，界定了耕地利用生态转型的概念，明确了耕地利用生态转型的内涵和当前阶段的主要形式，分别基于农户异质性视角下对自发型耕地利用生态转型和政府主导型耕地利用生态转型的行为机理进行揭示。在此基础上，就我国未来重要的耕地利用生态转型形式——耕地利用过程中化肥农药减施的农户行为机理进行探讨。

（3）研究方法。本书运用可分析农户行为和经济决策的农户模型作为理论分析工具，并利用 Logistic 回归模型、博弈论等分析方法对农户耕地利用生态转型行为机理进行实证分析，是已有研究方法在土地利用研究中的新应用。

1.7.2 不足之处

划分农户类型对耕地利用生态转型进行研究涉及"自然—社会—经济"这个非常复杂的系统，各种影响因子相互联系相互作用，因此对不同类型农户在不同形式的耕地利用生态转型发生过程中的分析显得特别困难，这使得本书会存在许多不足之处。

（1）从数据获取来看，本书主要是利用参与式农村评估方法（PRA）和农户问卷调查来获取农户土地利用和家庭特征的截面数据，只能反映研究区农户土地利用的现状。但由于缺乏连续跟踪的调查数据，难以反映农户特征的变化和耕地利用生态转型之间的耦合关系。

（2）从研究方法和手段来看，本书更多的是使用计量经济和统计分析的研究手段，但农户的土地利用行为决策特别复杂，尽管在农户耕地管护过程中用了博弈分析的手段，但还不够深入，从动态演化的角度分析农户和政府在耕地管护过程中的变化过程可能更为贴合实际。

（3）受本人的知识水平和研究能力的限制，对于许多理论的理解和学习还不够深入和全面，有待于今后的进一步深入和完善。

第2章 案例区选择与数据来源

2.1 案例区选择

丘陵山区是指海拔在 200 米以上，地势起伏明显的区域。我国丘陵山区分布广泛，面积约占我国国土面积的 2/3，人口占全国的 1/2 左右。案例区主要从代表我国丘陵山区特征的区域选取，结合本书的研究目的，最终选取了江西省赣州市兴国县、萍乡市莲花县，以及贵州省铜仁市万山特区、铜仁市松桃自治县、六盘水市六枝特区、黔西南州晴隆县等县（区）作为案例区。根据表 2-1，赣州市兴国县和萍乡市莲花县丘陵面积比例高达 60% 以上，是典型的丘陵地区；铜仁市的万山区和松桃自治县、六盘水市六枝特区、黔西南州晴隆县山地面积比例高达 90% 以上，是典型的山区。

表 2-1　　　　　　　　　案例区地形条件对比

名称	面积	平地	丘陵	山地
	总计/万 hm²	面积比例/%	面积比例/%	面积比例/%
兴国县	32.15	19.61	64.80	15.58
莲花县	10.62	11.99	60.30	27.71
万山特区	8.42	0.00	18.54	81.46
松桃自治县	34.09	0.00	5.76	94.23
六枝特区	17.92	0.00	0.00	100.00
晴隆县	13.27	0.00	0.00	100.00

丘陵山区耕地最大的特点就是耕地坡度较陡，表 2-2 对比了各案例区耕地坡度级别的分布情况。

表2-2	案例区耕地坡度等级划分对比				单位: %
地区	≤2°	2°~6°	6°~15°	15°~25°	>25°
	比例	比例	比例	比例	比例
兴国县	10.36	28.56	33.49	23.46	4.13
莲花县	25.57	23.73	43.74	6.14	0.83
万山区	4.13	14.26	33.98	32.45	15.18
松桃自治县	6.87	16.56	25.37	31.25	19.95
六枝特区	5.23	14.28	32.79	29.64	18.06
晴隆县	6.68	16.77	28.94	33.97	13.64

2.2 数据来源

本书基于已有社会调查资料、土壤普查数据和土地承包簿,获取研究区基本数据。采用分层随机抽样方法抽取样本,采用问卷调查、半结构式访谈等工具,在研究区开展农户调研,调查的主要内容:(1)耕地基本情况,包括承包的耕地面积、耕地类型、耕地地块数、耕地的转入转出情况等。(2)农户家庭特征,包括劳动力总量、家庭人口、性别结构、受教育水平、年龄结构、从事非农产业劳动力数量。(3)社会资产和金融资产状况,包括家庭工资性收入、馈赠收入、通信支出、就业途径、政府低保等。(4)家庭农业经营基本情况,包括所有地块面积、种植作物类型、单产水平、灌溉条件。(5)农业土地利用情况,含作物类型、种植制度,以及农产品生产过程中的种子、化肥、农药、农机、灌溉、燃料动力、工具材料等各项物耗和资金支出,劳动力投入、土地租金、产出、产品价格等。(6)家庭消费情况,含自产产品的消费量、购入农副产品消费量、各类消费支出、非农就业人员在外消费情况等。此外,针对贵州省的调研增加了休耕的认知、补偿满意度等内容;针对江西省的调研增加了对化肥农药的认知、模拟政策选择等内容。

本次调查分三次进行:第一次,2016年7~8月调查小组共7人(1名博士生、1名硕士生、5名本科生)在当地政府和基层管理部门人员的配合下对萍乡市莲花县的高洲村、黄山村和兴国县石溪村等8个行政村进行入户调研,收集农户问卷共496份,其中有效问卷474份。第二次,2017年5月7~

13 日调查小组共 7 人（1 名博士生，6 名硕士生）在当地政府和基层管理人员的配合下对铜仁市万山区的夜郎村、洋尾舟村、瓦厂村等 6 个行政村进行入户调研，收集农户问卷共 395 份，其中有效问卷 369 份。第三次，2017 年 8 月 10～15 日调查小组共 7 人（1 名博士后，1 名博士生，5 名硕士生）在当地政府和基层管理人员的配合下对六盘水市六枝特区的双夕村、岩脚村，黔西南州晴隆县新坪村、碧痕村共 4 个行政村进行入户调研，收集农户问卷共 287 份，其中有效问卷 266 份。三次调研共收获 1187 份调查问卷，其中有效问卷 1117 份，问卷有效率为 94%。

调研数据的使用说明：在自发型耕地利用生态转型的实证研究中用了全部 1117 份农户调研数据；在政府主导型耕地利用生态转型的实证研究中仅用了贵州省铜仁市万山特区的 369 份农户调研数据，原因是万山特区是西南石漠化区域休耕工程的主要试点区；在对耕地利用过程中减少化肥农药施用的数据分析中，使用了江西省 474 份农户调研数据。

第3章 不同类型农户行为决策理论分析

3.1 农户类型划分

实行家庭联产承包责任制，使得中国传统小农户实际上重新成为农村经济的基本单位和相对独立的生产经营体，并逐渐发展成为中国社会主义市场经济的主体，进而带动了农村经济乃至整个中国经济的发展（温锐和范博，2013）。然而近年来，传统小农经济的概念问题遭到众多学者的质疑。在过去的100多年，小农经济长期被"静止"并被贬斥为没有分工与不需要科学技术、"自给自足"，被认定为排斥市场与商品经济，只有生产理性，偏好或立足于平均主义追求。经过激烈讨论，众多学者、专家对传统的小农经济达成新的共识，也即小农经济总体上与同时代的社会系统有着物质、能量、信息等多方面的互动，在追求发家致富的天性与求生求荣的本能驱使下，可以也能够与周围环境进行博弈，可理性地调适各种社会关系，形成自我激励机制与较灵活的适应和转化发展的功能（温锐和范博，2013）。也就是说，小农经济并非长期"静止"，它会顺应时代的变化调节自身行为以实现自身的某种诉求。

不同时代、不同地区的农户特征不同，要想建立一个统一的农户类型划分体系是不现实的，但研究特定环境背景下特定区域的各农户类型特征可以进一步推动现有农户理论的发展。农户行为理论认为农户是土地利用最基本的主体，要研究我国丘陵山区耕地利用生态转型，离不开对农户及其行为的研究，只有抓住农户类型各自的特征，才能挖掘其背后的决策行为，理解其行为发生机理，才能依据宏观目标进行有针对性的调控。

农户作为农民生产生活以及与外界交往的最基本组织单元，把经济功能和社会功能集于一身，小农家庭所有的行为和目标都要收敛于家庭的需求。判断小农动机与行为要因"户"、因"地"、因"时"、因"需求层次""发展阶段"来确定。要合理解释小农行为与动机，必须根据小农的需求、所处阶段、面临的约束条件具体分析。

3.1.1 划分原则

认识小农要从农户出发，研究小农要从原点出发（徐勇和邓大才，2006）。前者强调要从当今小农的实际着手，不能脱离实际来研究小农；后者强调要从经典理论的局限性着手，不能生搬硬套经典理论解释当今小农（邓大才，2012）。

根据研究区农户的实际情况，按照科学性与合理性、客观性与可操作性相结合的原则以及农户自身的特点，本书构建农户划分指标体系遵循以下具体原则。

（1）科学性原则。选择合适的指标必须要在全面、系统、准确地把握农户内涵和实质的基础上，综合考虑研究区农户劳动力配置、生产、消费和效用等几个层面上的差异的特点。并且，确定的指标要避免重复和烦琐，也要减少重要性指标的遗漏。

（2）代表性和对应性原则。指标的选取要结合研究区的实际情况，既要能反映出区域内农户劳动力配置、生产、消费和效用等几个层面上的差异，又要具有很强的代表性和对应性。

（3）可操作性原则。划分农户类型的指标选取既要能够较为科学、准确、全面，又要能够从定量的角度观察、记录和量化数据，并且减少难以量化指标数量，提高划分的可操作性。

3.1.2 划分依据

在我国农户类型划分的研究中，按照农户的非农收入占总收入的比例作为划分依据是一种常用的划分方法，这是基于我国现阶段市场化程度日渐加深以及城镇化、工业化进程加快的现实背景考虑的，是符合农户分类要求的，并且不少研究（黄贻芳和钟涨宝，2013；杨志海等，2015；苏艺等，2016）都基于该分类方法进行。根据这种划分依据，没有非农收入的农户常常被划分为纯农户，事实上，没有非农收入应该包含两类情况：一是由于年龄因素无法进入劳动力市场，只有农业收入的情况；二是存在劳动力市场，但仍然以经营农业为收入来源的情况。这两种情况对应的农户在农业生产情况、消费情况、农业劳动力配置以及需求层面都存在差异，因此应将他们分开考虑。在兼业户划分中，尽管按照农户非农收入占总收入的比例不同可以反映他们在兼业程度上的差异，但反映不出他们在农业劳动配置和需求层面上的本质差异。

结合丘陵山区农户的实际情况，本书依据有无非农就业机会、有无非农就业以及非农就业是否稳定三个层面划分丘陵山区农户（见表 3 – 1）。其中有无非农就业机会主要根据农户成员年龄是否大于或等于 60 岁来判断，原因是根据我国法律规定的正常退休年龄，公民最迟的退休年龄为年满 60 周岁，也就是说一般年满 60 周岁的公民，其在劳动能力、身体素质、活动能力和创造力等方面都处于退化阶段，因此他们很难在劳动力市场找到合适的工作，对于经济发展较为落后、务工机会较少的丘陵山区农户更是如此。所以我们首先根据农户家庭的全部劳动力年龄大于或等于 60 岁作为划分老龄化农户和非老龄化农户的依据。

表 3 – 1 　　　　　　　　　　农户类型的划分方法

划分依据	有无非农就业机会	是否非农就业	非农就业是否稳定
丘陵山区农户	无：老龄化农户	—	—
	有：非老龄化农户	否：纯农户	—
		是：兼业户	否：非稳定型兼业户
			是：稳定型兼业户

注：该农户类型划分方法只适用于丘陵山区，平原地区由于经济较发达，非农就业机会多，农户参与市场化程度高，如若按照上述划分依据会造成平原地区农户分类出现很大偏差。

在非老龄化农户中，根据农户有无非农就业进一步将农户划分为纯农户和兼业户。纯农户主要是指主观上放弃获取非农收入的机会，而将主要精力放在农业经营上的农户。兼业户是指既从事农业生产，又从事务工劳动的农户。

在兼业户中，根据兼业农户的非农就业是否稳定进一步划分，如果农户非农就业是稳定的，则为稳定型兼业户；如果农户非农就业是不稳定的，则为非稳定型兼业户。具体的划分是根据务工的工种、每年工作的时间以及农户对务工稳定性感知来确定，其中务工工种和每年务工时间是判断的客观指标，两者有一个为稳定型时就可判断为稳定型兼业户；农户对自己务工稳定性感知作为判断的参考指标（见表3-2）。

表3-2   农户类型划分的具体指标

划分依据	划分指标	定义
有无非农就业机会	年龄	调查年农户劳动力年龄（岁）
是否非农就业	非农就业收入	调查年农户非农就业收入（元）
非农就业是否稳定	①务工工种	雇用期较长且相对固定的工种为稳定型；否则为非稳定型
	②每年务工时间	近3年每年务工时间10个月以上为稳定型；否则为非稳定型
	③农户对务工稳定型感知（参考指标）	农户认为自己从事的务工类型是否稳定

注：指标①和指标②为客观判断指标，且指标①②中有一个能确定农户务工稳定性的，就判断为稳定型兼业户。指标③为参考指标，用于对指标①②判断结果的加强。

需要注意的是，上述农户类型划分并不是绝对的。例如，我们在实际调研中碰到一残疾农户，夫妻双方均在50岁左右，无儿无女，由于手脚残疾，行动不便，在外不能得到务工机会，只能在家简单地种一点作物以满足生计需求，在实际的农户划分中，我们将该农户划分到老龄化农户中。诸如此类的情况，我们都是根据实际的农户特征进行划分。但大体上，丘陵山区农户可以按照上述划分依据进行划分。

本书划分农户的原因主要是希望从异质性视角下基于农户模型分析他们的行为机理，因此，表3-3主要根据农户模型中影响农户生产行为的基本要素——消费、劳动力配置和需求（效用）几个方面来体现农户之间的差异。

表3-3   各类型农户差异

农户类型	消费	劳动力配置	需求（效用）
老龄化农户	农产品留作家庭消费为主	无劳动力市场	农业产量/收入，闲暇
纯农户	农产品以市场出售为主	可能存在劳动力雇入	农业收入
稳定型兼业户	农产品留作家庭消费为主	劳动力雇出	农业产量/收入，非农收入，家务时间
非稳定型兼业户	农产品留作家庭消费为主	劳动力雇出	农业产量*

注：*非稳定型兼业户由于没有稳定的非农收入，生存是他们的最基本需求。

3.1.3　分类结果

根据农户类型的划分方法，我们对 1117 户农户进行分类，分类结果见表 3 - 4。

表 3 - 4　　　　　　　　　　　农户类型划分结果

农户类型	江西省	贵州省	合计
老龄化农户	136	225	361
占比/%	28.69	34.99	32.32
纯农户	46	15	61
占比/%	9.70	2.33	5.46
稳定型兼业户	127	94	221
占比/%	26.79	14.62	19.79
非稳定型兼业户	165	309	474
占比/%	34.81	48.06	42.44
合计	474	643	1117
占比/%	100	100	100

从表 3 - 4 的农户类型划分结果来看，样本区农户中非稳定型兼业户数量最多，为 474 户，占总农户数量的 42.44%；其次为老龄化农户，有 361 户，占总户数的 32.32%，最少的为纯农户，共有 61 户，仅占总户数的 5.46%。从这一数据结果看，调研区农户中一边务农，一边通过打零工的方式获取务工收入的非稳定型兼业户是农户的主要构成之一，他们大约占到总户数的 2/5；其次为老龄化农户，大约占总户数的 1/3，说明调研区农户的老龄化现象非常严重，每 3 户农户中就有 1 户是处于农耕养老的状态。四类农户中，纯农户最少，原因主要是调研区为丘陵山区，耕地细碎现象严重，坡耕地较多，户均耕地面积少，农业收成不高，耕地流转市场不完善。

分地区来看，江西省的非稳定型兼业户数量最多，大约占到江西省调研区农户总数的 1/3；其次为老龄化农户和稳定型兼业户，它们的占比分别为 28.69% 和 26.79%；纯农户较少，大约占 1/10。贵州省仍然是非稳定型兼业户数量最多，接近于贵州省调研区农户总数的 1/2，其次为老龄化农户，大约占 1/3；余下的则为稳定型兼业户和纯农户，它们分别占比 14.62% 和

2.33%。两个地区对比，贵州省的非稳定型兼业户和老龄化农户占比更大，而江西省的稳定型兼业户和纯农户占比更大。

3.2　不同类型农户行为决策模型

3.2.1　老龄化农户行为决策模型

通过对农户的划分，老龄化农户是家庭劳动力均大于60周岁的农户，他们缺乏劳动力市场，可以选择的生活方式主要有赋闲在家、在家务农等。同时，这一辈农户对土地有浓厚感情，即使有非农退休收入或来自子女的赡养费，他们在力所能及的情况下也愿意耕种土地。但随着年龄的增大，体力不济，他们期望有一定的闲暇时光，或者因为疾病，需要有休养的时间。一般来说，对于这类型农户，他们的孩子甚至孙子都已成年，有自己的事业和经济来源，所以这部分农户仅需要考虑自己的生活需求，满足自己的效用即可。该类型农户基本满足查雅诺夫模型假设，存在一些差异但也不影响用该模型来解释他们的行为。

查雅诺夫模型的基本假设：①不存在劳动市场，即家庭既不雇用外部劳动力，家庭成员也不从家庭之外获取工资收入；②农业产出既可留作家庭消费，也可在市场上出售，农业产出的价值以市场价格衡量；③每个农民家庭都可以根据需要来获得耕种的土地；④农户有可接受的最低消费水平。

对于老龄化农户，由于年龄、体力、身体素质的原因，他们很难在市场找到工作，同时由于丘陵山区耕地多细碎，雇用外部劳动力成本高，他们也不会花费额外的资本来雇用外部劳动力。因此可以认为他们满足查雅诺夫模型的第一条假设。从调研数据看，这部分农户种植的粮食作物基本上是留作家庭消费，少量农户会将多余的蔬菜放在市场上销售，这里满足查雅诺夫模型的第二条假设。根据我国现行的农村土地承包制度，每户土地在承包期内是不变的，但可以转入转出。在丘陵山区，土地流转市场不成熟，农户之间的土地流转多为人情流转，但这个并不能保证每个农户家庭都可以根据需要获得耕种的土地，土地自由扩大的主要作用在于可以推迟劳动边际收益开始递减的时间，所以这并不影响借助该模型来解释老龄化农户的行为决策。老龄化农户为了满足最基本的生存需求，有可接受的最低消费水平。

基于上述分析，本书在查雅诺夫农户模型的基础上构建老龄化农户的行为决策模型，该模型包含了农民家庭决策中的消费和生产两个方面。生产方面有生产函数，它表示不同劳动力投入水平下的产出量，即图 3 - 1 中的 *TPP* 曲线。生产函数呈现出劳动边际收益递减的特性。由于产出等同于收入，*TPP* 曲线又可以看成是农户收入曲线。消费方面用无差异曲线 *U* 表示，表示农户基于家庭特征 ξ 的考虑，会在消费和闲暇之间进行权衡以使效用达到最大。该模型可表示为：

$$\max U = u(h, c, \xi) \tag{3.1}$$

式（3.1）中，*h* 代表农户的闲暇时间，*c* 代表农户所有的消费品，农户基于家庭特征 ξ 的考虑，会在消费和闲暇之间进行权衡以使效用达到最大。农户会根据其他生产要素情况 *A*，配置农业劳动时间 *l* 来经营农业，也即式（3.2），假定该函数服从凹函数一阶导 $Y_1 > 0$ 和二阶导 $Y_{11} < 0$，$Y_1 > 0$ 的性质。

对应的约束条件为：

$$c = Y(l; A) \tag{3.2}$$

$$T = l + h \tag{3.3}$$

$$l \leq L_{\max} \tag{3.4}$$

其中，式（3.3）为老龄化农户的时间分配，*l* 为农业劳动时间，*h* 为闲暇时间；式（3.4）表示老龄化农户劳动投入时间 *l* 应小于农户能够提供的最大劳动量 $L_{\max}$。

该模型如图 3 - 1 所示。

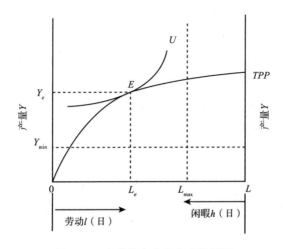

图 3 - 1　老龄化农户行为决策模型

在图3-1中包含两条曲线，一条是生产函数曲线，即图中的 *TPP* 曲线，另一条是农户的效用函数曲线，即图中的无差异曲线 *U*。图中 Y_{min} 为老龄化农户可接受的最低消费水平。横轴表示农户的时间，从左向右表示农户的劳动投入（*l*），从右向左表示农户的闲暇时间（*h*）。在短期生产技术条件不变的前提下，农户的均衡点是生产函数（*TPP*）与最高可能的无差异曲线（*U*）的切点，即图中的 *E* 点，对应的劳动投入在 L_e，收入或产量水平为 Y_e。此时的劳动边际产量等于农户家庭主观效用，家庭主观效用即家庭对减少一天闲暇所要求补偿的收入量。

3.2.2　纯农户行为决策模型

本书中纯农户是指农户劳动力年龄在60岁以下，农业收入为主要收入来源，农业生产方式以种植或种植加养殖的模式为主。这里注意区分纯农户与有时没有打到零工的非稳定型兼业户，前者主要将他们的劳动重心放在农业生产上，而后者靠仅有的耕地谋得生存，期望能在其他方面获取货币收入，但客观条件让他们没有实现打零工的愿望。因此，本书纯农户的行为决策接近于舒尔茨的理性小农，新古典农业生产经济学认为农业生产者能够改变农业投入和产出的水平和类别。农业投入和产出之间有三类关系值得关注：①不同产出水平对应着不同投入水平；②生产特定产出所需要的两种或多种投入之间的不同组合；③一定的农业资源投入可以获得不同的产出。农业生产的这三重关系要具有分析的意义，就得把它们放到农户家庭目标和其面临的资源约束框架内。对于丘陵山区的农户，最主要的目标可能是有稳定的长期收入、家庭食物保障、特定消费偏好的实现等，存在的最主要限制是农户的耕地面积、耕地的连片程度以及机械化是否可行等。这里我们将它们简化，忽略农业家庭的消费，仅探讨短期利润最大化这一单一目标；农户家庭只有一个农业决策者，排除农户的非农业生产活动。这一情形下生产函数为：

$$Y = f(X_1, X_2, \cdots, X_n) \tag{3.5}$$

式（3.5）中，X_1，…，X_n 为可变投入。生产函数 *Y* 要具有经济学意义，它的各种方程形式必须要满足两个条件：边际物质产品应当是正数并且应当是递减的。为了满足这两个条件，生产函数方程就应该具有一阶导 $Y_1 > 0$ 和二阶导 $Y_{11} < 0$ 的性质。

图 3 - 2 中包含两条曲线，一条为农业产品的生产曲线 *TVP*，另一条为位移了的总要素成本曲线，它们的切点为 *E*，表示边际价值产品等于投入价格。在 *E* 点的均衡条件满足 $MVP_X = MPP_X \cdot P_Y$，即投入的边际收益等于边际产品乘以产出价格。

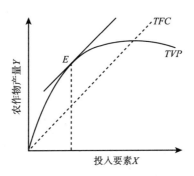

图 3 - 2　纯农户行为决策模型

3.2.3　稳定型兼业户行为决策模型

劳动力年龄小于 60 岁且有非农业收入的农户，常常要承担起上有老下有小的家庭责任。在经济社会转型的过程中，农户生产、生活及交往的各个环节、各个领域的社会化程度都迅速提高（邓大才，2006）。不同的是，有的农户由于区域发展因素或自身的人力资本（一技之长等）能够谋得一份稳定的非农业收入，但有些农户则可能只靠打零工来获得非农收入。正是因为这种差别的存在，导致这两种农户的行为目标存在差异。

稳定型兼业户是指农户家庭劳动力年龄小于 60 岁，且家中有稳定的非农收入的农户。由于年龄小于 60 岁，所以这里与查雅诺夫农户模型最大的区别在于存在竞争性劳动力市场。假如一个农户能够根据市场工资，从外部雇人到自己的田地上干活，或者农户自己的劳动力能够根据市场工资外出从事非农工作，那么就意味着农户的时间有了机会成本，理性的农户在决策时必须考虑工资成本线。将劳动力市场引入，农户的时间分配就不再是农业劳动时间与闲暇时间的权衡，Becker（1965）将农户时间分为闲暇时间、农业劳动时间和非农劳动时间，并假定农户时间配置服从家庭效用最大化原则，以此建立现代农户经济分析的初步框架。Barnum 和 Squire（1979）认为农户会对家庭变量（如家庭规模和结构）与市场变量（如农产品价格、投入价格、工资、技术等）的变化作出反应，在新家庭经济学的基础上建立了巴鲁姆—斯奎尔农户模型，该模型的假设条件：①存在劳动市场，农户可以根据给定的市场工资权衡时间分配，也可以根据给定的市场工资选择雇入或雇出劳动；②农户可用的耕地数量既定，短期内不会改变；③闲暇时间包含农户用于户内活动的家庭事务时间；④农户可以出售部分农产品以便购买非农消费品；⑤不考虑不确定性，也不考虑农户的风险行为。需要注意的是农户家庭一般包含家庭事务（即家庭内部的非农劳动）、农业劳动以及非农务工劳动等多种形式的劳动，其中家庭事务包括了维持家庭日常生活的大量劳动，如食物的加工和预备、家庭自用的禽畜饲养、挑水劈柴、看护孩子、照看老人等。这些都是为了满足自身消费需要而必须付出的劳动，新古典经济学将这类在家庭内生产并直接用于家庭消费（而不是用于市场交换）的商品和服务称为Z商品，其具有使用价值而不具有价值的含义。

稳定型农户基本满足上述模型假设的条件，存在劳动力市场，短期内耕地面积既定，农户可以出售农产品用于购买其他非农消费品。在本研究中，丘陵山区农户的人均耕地少，机械化程度极低，几乎所有农户自家耕田由自家劳动力进行耕作，所以这里仅考虑农户将部分或全部劳动力用于外出务工的情况。

稳定型农户的基本模型为：

$$\max U = u(c, l, \xi) \tag{3.6}$$

式（3.6）中，c 代表所有的消费品，l 代表包含了生产 Z 商品的农户闲暇时间，农户基于家庭特征 ξ 的考虑，会在消费和闲暇之间进行权衡以使效用达到最大。农户会根据其他生产要素情况 A，分配家庭劳动力 L 来经营农业，即 $Y = Y(L; A)$，假定该函数服从凹函数一阶导 $Y_1 > 0$ 和二阶导 $Y_{11} < 0$ 的性质。根据非农工资 w 来分配劳动 L^0 从事非农工作，T 为总的劳动力禀赋情况，在实际调研中绝大部分农户都没有雇用农业劳动力，这里不考虑农业劳动力雇用的情况。因此，农户的预算约束条件为：

$$c = Y(L; A) + wL^0 \tag{3.7}$$

$$T = l + L + L^0 \tag{3.8}$$

该模型如图 3 - 3 所示。

图 3 - 3 中有三条曲线，第一条是农业产量的生产函数 *TPP*，第二条是无差异曲线 *U*，第三条就是位移了的工资成本线 *w*，农户准备投入到农业生产

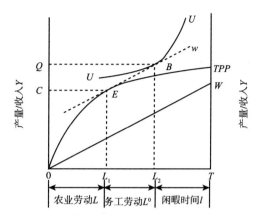

图 3 - 3　稳定型兼业户行为决策模型

的时间是 L，农户为了享有更多的闲暇时间而愿意牺牲的收入（即 $\mathrm{d}y/\mathrm{d}l$）等于市场工资，也就是图中无差异曲线和工资成本线的切点 B，工资成本线与生产曲线的切点 E 表示农业生产的劳动边际产品等于市场工资，E 点对应的农业产量为 C，（$Q-C$）表示农户的非农务工收入。

由效用函数、生产函数、时间约束条件和收入约束条件构建拉格朗日函数，可以求得该模型的均衡条件是：①劳动的边际产品（MVP_L）等于工资率（w），其他可变投入的边际产品（MVP_V）等于其平均价格（v）；②效用函数中任两个变量之间的边际替代率等于它们之间的价格比。

3.2.4　非稳定型兼业户行为决策模型

非稳定型兼业户是指农业劳动力年龄小于 60 岁，且家中无稳定非农收入的农户。无稳定非农收入是指农户成员因区域经济因素或自身人力资源不足找不到稳定的非农工作，仅靠在劳动力市场找些零工来满足对货币的需求。短期务工存在非常大的不确定性和不稳定性，受天气、市场需求的影响很大。农户经济理论中有一种新型的理论称为风险厌恶理论，指的是在降低风险的成本与收益的权衡过程中，厌恶风险的农户往往会在相同的成本下更倾向于作出低风险的选择（郑兴明和吴锦程，2013）。也就是说，在非农收入存在不确定的情况下，农业生产往往成了农户的生存底线，在外短期务工的收入则用来满足日常对货币的需求。这种类型的农户在以往的农户理论研究中都没有提到，在目前流行的按非农收入比重划分的农户类型中，他们常常与有稳定非农收入的农户一并被划分到兼业户中，但实质上，这两类农户在家庭目标和行为决策方面有本质的差别。由于没有稳定的非农收入，其工资成本线就是不确定的，当工资成本线不确定时，农户家庭的效用最大化的均衡点就无法保证。但由于可用的劳动时间（农业劳动、非农业劳动以及家务时间）是既定的，因此非稳定型兼业户会优先将劳动时间分配在自家农业生产上，在解决温饱的情况下再考虑满足家庭其他效用的问题，因此非稳定型兼业户首要考虑的是生存问题，在农业生产方面，其生产函数为：

$$Y = A + BL - CL^2 \tag{3.9}$$

式（3.9）满足边际劳动产品是正数且是递减的，即生产函数方程具有一阶导 $Y_1 > 0$ 和二阶导 $Y_{11} < 0$ 的性质。

该农户模型的生产函数如图 3-4 所示。

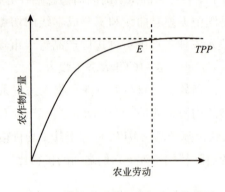

图 3-4　非稳定型兼业户行为决策模型

图 3-4 描述了其他农业投入要素不变的情况下，农业劳动投入与农作物产量关系的生产函数，实际上农作物产量还与化肥、农药、灌溉等其他要素投入量密切相关。因此，本书仅考虑该类农户农业劳动投入与农作物产量的关系，它的均衡点在产量的最高处 E，即农业劳动边际产量等于 0，但超过 E 点的 TPP 曲线为水平直线，可见劳动投入与其他要素投入诸如化肥、农药不同，当劳动投入量达到一定程度时，农作物产量达到最大值，但继续增加劳动投入量，农作物总产量 TPP 并不会继续增加也不会减少。此处需要注意的是，也许会有人提出化肥、农药的价格变化不会对农户的生产决策有影响吗？实际上，对非稳定型兼业户来说，自产自用的农作物更类似于消费品，而且是必需消费品，对于维生具有重大意义。因此，只要化肥、农药等投入要素价格不出现极端昂贵的价格，农户都会按以往经验投入化肥、农药等的用量来保证产量。

第4章 老龄化农户耕地利用生态转型行为机理分析

4.1 引 言

随着社会发展，人口结构的变化，老龄化现象引发了越来越多的关注。一般认为，一国或地区 60 岁以上人口占总人口比重达到 10%，则该国或地区就进入老龄化社会。我国于 1999 年进入老龄化社会，且 2001～2020 年是中国人口快速老龄化阶段，同时农村老龄化现象要比城镇老龄化现象更加严重。据统计，2005 年以来，我国农村人口老龄化水平呈逐年上升趋势，增速加剧，成为越来越庞大的一个群体，并且这个群体与我国农村发展，尤其是经济发展落后的丘陵山区农村联系紧密。

尽管如此，国内现有文献中还没有将农村老龄化人口作为一个单独的群体研究他们在耕地利用中的行为决策。在社会经济发展转型的大背景下，基于农户模型，从老龄化农户的偏好、农业生产和消费等几个方面分析这类型农户在耕地利用生态转型过程中的行为机理，一方面能够丰富农户耕地利用转型的理论研究；另一方面通过对老龄化农户耕地利用生态转型过程中行为机理的揭示，可以为丘陵山区土地可持续利用提供科学依据。

4.2 老龄化农户自发型耕地利用生态转型行为机理及实证分析

4.2.1 行为机理

在老龄化农户模型中，农户家庭的效用取决于闲暇时间和农业产量/收入，其中农业产量/收入离不开农业劳动的投入，要分析老龄化农户的撂荒行为机理，可以从他们的农业劳动投入量着手。在丘陵山区，人均耕地面积少，耕地细碎化程度高，农地流转市场不完善，机械化程度低，当必要农业劳动投入量逐渐减少时，我们认为耕地会经历集约化利用到粗放化利用再到撂荒的过程。根据老龄化农户模型可知，农户的总时间是既定的，农业劳动投入的减少必然是由闲暇时间的增多导致的，对老龄化农户来说，随着年龄的增大，体力下降，疾病增多，需要的闲暇时间增多，那么耕地撂荒的概率就会增加。

具体的模型验证过程如下：

$$\max U = u(h, c, \xi) \tag{4.1}$$

式（4.1）中，h 代表农户的闲暇时间，c 代表农户所有的消费品，农户基于家庭特征 ξ 的考虑，会在消费和闲暇之间进行权衡以使效用达到最大。农户会根据其他生产要素情况 A'，配置农业劳动时间 l 在 a 面积上经营农业，也即 $c = Y(l, a; A')$，假定该函数服从凹函数一阶导 $Y_1 > 0$ 和二阶导 $Y_{11} < 0$ 的性质。对应的约束条件如下：

$$c = Y(l, a; A') \tag{4.2}$$

$$T = l + h \tag{4.3}$$

$$l \leqslant L_{\max} \tag{4.4}$$

由 $Y_1 > 0$ 可知，$\partial Y/\partial a > 0$，$\partial Y/\partial l > 0$，而 $l = T - h$，所以 $\partial Y/\partial h < 0$。由此可以得出 $\partial a/\partial h < 0$，即闲暇时间 h 增加会导致耕种面积 a 减少。

模型演化过程如图 4－1 所示。

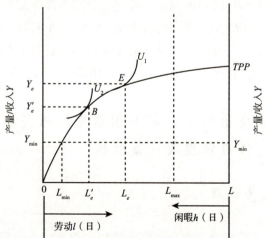

图 4－1 老龄化农户的撂荒发生机理

　　从图 4 - 1 可知，模型中原均衡点在 E 处，对应的农业劳动投入量为 L_e，产量/收入为 Y_e，对应的效用为 U_1。当农户需要更多的闲暇时间时，对应的农业劳动投入时间就会减少，也即农业劳动时间 L_e 向左移至 L'_e 点，此时对应的产量/收入为 Y'_e，最大效用为 U_2。随着必要农业劳动投入时间的减少，耕地利用就会经历从集约到粗放再到撂荒的过程。在这个过程中，农户应该是优先粗放利用或者撂荒离家远、灌溉条件不利、土地质量差的耕地。此外，当老龄化农户年龄增长到无劳动能力或因为重大疾病无法保证最低的农业投入劳动时间（L_{min}）时，此时，老龄化农户可能会完全撂荒耕地，同时该农户的基本生存也很难保证，对这类群体，应及时关注。

　　根据上述老龄化农户撂荒机理的分析，这里提出丘陵山区老龄化农户耕地撂荒行为假说：随着年龄的增大，撂荒发生的概率就会增加，其撂荒的过程是优先撂荒耕地质量差、灌溉条件劣、距离家远的耕地。

4.2.2　实证分析

　　根据实际调研的 361 份老龄化农户数据，耕地地块总数 2790 块，其中撂荒地块 203 块，占比 7.28%。

　　（1）实证模型的构建。本部分运用的方法是二元 Logistic 回归，Logistic 回归能确定解释变量 x_n 在预测分类因变量 y 发生概率的作用和强度，相应的回归模型为：

$$\ln\left(\frac{\rho_{ij}}{1-\rho_{ij}}\right) = \alpha + \sum_{k=1}^{k}\beta_k x_{ki} \tag{4.5}$$

　　式（4.5）中，$p_{ij}=P$（第 j 类农户 $y_i=1\mid x_{1i},\ x_{2i},\ \cdots,\ x_{ki}$）表示在给定自变量 $x_{1i},\ x_{2i},\ \cdots,\ x_{ki}$ 是第 j 类农户耕地发生撂荒的概率，α 是常数项，β 是斜率。

　　一个事件的发生概率是一个非线性的方程，其表达式为：

$$p = \frac{\exp(\alpha+\beta_1 x_1+\beta_2 x_2+\cdots+\beta_n x_n)}{1+\exp(\alpha+\beta_1 x_1+\beta_2 x_2+\cdots+\beta_n x_n)} \tag{4.6}$$

　　发生比率（odds ratio）用来对各种自变量（如连续变量、二分变量、分类变量）的 Logistic 回归系数进行解释。在 Logistic 回归中应用发生比率来理解自变量对时间概率的作用是最好的方法，因为发生比率在测量关联时具有一些很好的性质。发生比率用参数估计值的指数来计算：

$$odd(p) = \exp(\alpha + \beta_1 x_1 + \beta_2 x_2 + \cdots + \beta_n x_n) \tag{4.7}$$

在本书中，二元 Logistic 回归是用 SPSS17.0 统计软件的 logistic 函数来操作完成的。Logistic 回归模型预测能力通过得到最大似然估计的表格来评价，它包括回归系数、回归系数估计的标准差、回归系数估计的 Wald χ^2 统计量和回归系数估计的显著性水平。正的回归系数值表示解释变量每增加一个单位值时发生比会相应增加。相反，当回归系数为负值时说明增加一个单位值时发生比会相应减少。Wald χ^2 统计量表示在模型中每个解释变量相对权重，用来评价每个解释变量对事件预测的贡献力。

模型估计完成以后，需要评价模型如何有效地描述反应变量及模型配准观测数据的程度。用来进行拟合优度的检验的指标有皮尔逊 χ^2、偏差 D 和 Homsmer-Lemeshow 指标（HL）等。当自变量数量增加时，尤其是连续自变量纳入模型之后，皮尔逊 χ^2、偏差 D 不再适用于估价拟合优度。在应用包括连续自变量的 Logistic 回归模型时，HL 是广为接受的拟合优度指标。在本书的算例中，由于自变量含有连续变量，且协变量数量较大，因此，本书用 HL 指标来进行土地利用变化的 Logistic 回归模型拟合优度检验。当 HL 指标统计显著表示模型拟合不好。相反，当 HL 指标统计不显著表示模型拟合好。HL 指标是一种类似于皮尔逊 χ^2 统计量的指标。其方法根据模型预测概率的大小将数据分成规模大致相同的 10 个组，然后根据每一组中因变量各种取值的实测值与理论值计算 Pearson 卡方。

（2）变量的选取及描述性统计分析（见表 4-1）。根据行为机理分析中提出的老龄化农户撂荒假说，主要考察农户年龄对耕地撂荒的影响，除了变量农户年龄外，基于数据的科学性和可获得性选取了另外 14 个与老龄化农户耕地撂荒密切相关的控制变量，包括家庭常住人口、户主性别、户主受教育程度、务农劳动人数、承包耕地总面积、地块数、耕地是否机械化、农产品是否出售、非农收入、耕地类型（水田/旱地）、耕地质量、耕地所处地貌特征、灌溉情况、到最近公路距离、到家距离，这些因子所代表的农户家庭特征和地块特征对农户撂荒耕地有直接或间接的影响。其中，户主性别为二分类变量，1 代表男性，0 代表女性；农户受教育程度为多分类变量，1 代表未受到教育，2 代表受到小学教育，3 代表受到初中教育，4 代表受到高中教育，5 代表受到大专及以上教育；耕作是否机械化为二分类变量，1 代表耕作

过程中有机械化操作，0 代表纯人力耕作；农产品是否出售为二分类变量，1
代表耕种收获的农作物用于出售，0 代表耕种收获的农作物用于自家食用；
耕地类型为二分类变量，1 代表水田，2 代表旱地；耕地质量为有序多分类变
量，1 代表耕地质量差，2 代表耕地质量中等，3 代表耕地质量好；耕地所处
地貌特征为无序类变量，分别为平地、洼地和坡地，模型中以平地为它们的
参照对象；灌溉情况为二分类变量，1 代表有灌溉设施，0 代表无灌溉设施；
到最近公路距离为有序多分类变量，1 代表 100 米以内，2 代表 100 ~ 500 米，
3 代表 500 米以上；到家距离为有序多分类变量，1 代表 100 米以内，2 代表
100 ~ 500 米，3 代表 500 米以上。

表 4 - 1　　　　　　　　　变量的选取及描述性统计分析

变量	单位	平均值	标准差
家庭常住人口	人	3.4	2.08
户主年龄	岁	67.02	7.8
户主性别	0 ~ 1	0.85	0.35
户主受教育程度	1 ~ 5	2.02	0.77
务农劳动人数	人	1.65	0.63
耕地面积	亩	5.54	4.06
地块数	块	7.73	5.19
耕作是否机械化	0 ~ 1	0.29	0.46
农产品是否出售	0 ~ 1	0.03	0.18
非农收入	元	8577	18571
耕地类型（水田/旱地）	0 ~ 1	0.47	0.50
耕地质量	1 ~ 3	1.89	0.64
耕地所处地貌特征	1 ~ 3	2.57	0.84
灌溉情况	0 ~ 1	0.54	0.49
到最近公路距离	1 ~ 3	1.88	0.78
到家距离	1 ~ 3	2.14	0.79

　　为了避免自变量之间的多重共线性，进行方差膨胀因子（VIF）检验，
检验结果显示方差膨胀因子值均小于 10，证明所选自变量不存在多重共线
性，可以放入 Logistic 回归模型中。

通过表4-1的描述性统计分析，老龄化农户的平均年龄为67岁，户主中85%都为男性，户主的受教育水平平均为小学教育，平均劳动人数为1.65人，平均耕地面积为5.54亩，地块平均为7.73块，有29%的农户在耕作中进行了机械化作业，注意这里的机械化耕种并不表示农业生产的全机械化，只是农业生产的某一两个过程用了小型机械，大部分生产过程主要还是靠人力。农户农产品的出售率仅为3%，绝大部分老龄化农业生产是为留作自家消费。农户的平均非农收入为8577元，其标准差高达18571.93元，原因是老龄化农户中有部分农户是企事业单位的离退休人员，他们的退休收入较高，所以拉高了整个老龄化农户的户均非农收入。

（3）实证结果及分析。从表4-2的模型回归结果看，老龄化农户耕地撂荒的 Logistic 回归模型有较好的拟合度，HL 指标值为15.329，p 值为0.053，统计检验不显著，即模型较好地拟合了数据。在模型中，户主年龄对老龄化农户耕地撂荒呈正向影响，参数估计值为0.085，表示户主年龄每增加一岁，耕地撂荒的概率增加8.5%，也即年龄越大，农户越可能撂荒耕地。年龄越大的老龄化农户，其身体素质、体力等方面逐年下降，能提供的有效农业劳动时间也越来越短，在实际调研中，受访年龄最大的农户为83岁，该农户就由于身体差、无劳动能力而直接撂荒家中全部耕地。

表4-2　　　　　　　　　**老龄化农户耕地撂荒的 Logistic 回归模型**

变量	参数估计（β）	标准误差（SE）	Wald χ^2 统计量	Pr > χ^2	EXP(β)
家庭常住人口	0.170	0.152	1.254	0.263	1.185
户主年龄	0.085	0.034	6.129	0.013 *	1.088
户主性别	0.973	0.682	2.037	0.154	2.645
户主教育程度	0.293	0.301	0.951	0.330	1.341
务农劳动人数	0.136	0.363	0.141	0.708	1.146
耕地总面积	0.159	0.049	10.626	0.001 ***	0.853
地块总数	0.079	0.031	6.566	0.010 **	1.083
耕地机械化	-0.919	0.340	7.285	0.007 **	0.399
非农收入	0.001	0.000	3.919	0.048 *	1.000
耕地类型	0.543	0.354	2.360	0.124	1.721
耕地质量	-1.517	0.318	22.832	0.000 ***	0.219
地貌特征			0.507	0.776	

续表

变量	参数估计（β）	标准误差（SE）	Wald χ^2 统计量	Pr > χ^2	EXP(β)
地貌特征（洼地）	0.280	0.993	0.079	0.778	0.756
地貌特征（坡地）	0.268	0.395	0.461	0.497	0.765
灌溉情况	−1.712	0.363	22.268	0.000***	0.181
到最近公路的距离	0.433	0.268	2.614	0.106	1.542
到家的距离	1.405	0.273	26.454	0.000***	4.076
常量	−7.416	3.159	5.512	0.019	0.001
HL = 15.329, p = 0.053					

注：*$p < 0.05$，**$p < 0.01$，***$p < 0.001$。

此外，从农户层面，非农收入对老龄化农户耕地撂荒呈正向影响，即非农收入越高，农户越容易撂荒耕地。耕地总面积对老龄化农户耕地撂荒呈正向影响，也即农户拥有的耕地总面积越大越容易撂荒耕地。地块总数对老龄化农户耕地撂荒也呈正向影响，即地块数越多，农户更容易撂荒其中部分甚至全部耕地。

从地块的角度看，地块到家的距离、地块的灌溉情况、耕地质量、耕地是否机械化这 4 个变量对农户耕地撂荒有较为显著的影响。地块到家的距离对老龄化农户耕地撂荒呈显著的正向影响，也就是说地块离家越远越容易被老龄化农户撂荒。地块的灌溉情况对老龄化农户耕地撂荒呈显著的负向影响。耕地质量对老龄化农户耕地撂荒呈显著的负向影响，也即耕地质量越差越容易被撂荒。耕地是否机械化对老龄化农户耕地撂荒呈负向显著影响，也即纯人工种植的耕地比采用机械化种植的耕地更容易被撂荒。

需要注意的是，地块的地貌特征对老龄化农户耕地撂荒的影响并不显著，原因是调研区老龄化农户的耕地多为坡耕地，由于无法实际丈量地块坡度，只能用平地、洼地和坡地来模糊界定地块的地貌特征，当大部分地块都为坡地时，这一因素对因变量的影响就弱化了。

总的来说，老龄化农户耕地撂荒的 Logistic 回归分析的结果基本验证了前文行为机理的假说，随着农户年龄的增大，农户撂荒耕地的概率增加，且耕地撂荒优先发生在离家远、土地质量差、灌溉条件劣的耕地。

4.2.3　小结

本节内容首先根据农户模型分析了丘陵山区老龄化农户耕地撂荒的行为

机理，提出如下假说：丘陵山区老龄化农户随着年龄的增大，撂荒发生的概率就会增加，其撂荒的过程是优先撂荒耕地质量差、灌溉条件劣、距离家远的耕地。

从 Logistic 回归分析的具体结果看，户主年龄对老龄化农户耕地撂荒行为有较显著的正向影响，户主年龄每增加一岁，耕地撂荒的概率增加 8.5%。

4.3 老龄化农户政府主导型耕地利用生态转型行为机理及实证分析

4.3.1 行为机理

与退耕还林工程类似，作为一项公共政策，休耕试图通过土地产权结构的重新安排在政府和休耕农户之间建立一种新的契约关系，以减少对生态环境有严重负外部性的经营行为，同时强化对有利于改善生态环境的经营活动的激励（王小龙，2004）。我国实行耕地休耕政策，本质上是实现耕地休养的一个过程，最终目的是培肥土壤让农户更好地耕种土地。因此我们将贵州省耕地休耕工程分休耕和管护两个阶段来分析。

1. 休耕补偿预期分析。根据老龄化农户模型，在图 4 - 2 中，模型原均衡点在 E 处，对应的劳动投入为 L_e，均衡产量为 Y_e，此时的劳动边际产量等于闲暇与产量（或收入）的边际替代率，即 $\partial u/\partial L_e = \partial Y/\partial L_e$。休耕意味着必要农业劳动投入会减少，假设农业投入减少到 L_x，对应减少的农业产量（或收入）为 ΔY_2。此时，农户的闲暇时间由原来的 $L - L_e$ 增加为 $L - L_x$，对应到无差异的效用曲线上是 E' 点，E' 点相较于 E 点，农业产量减少了 ΔY_1。因此，对于老龄化农户来说，只要给予他们大于等于 ΔY_1 的休耕补偿，就可以保证他们在休耕后的效用不降低。在实际补偿中，政府部门常用成本收益法计算给农户的休耕补偿，也即图 4 - 2 中的 ΔY_2，那 ΔY_2 与 ΔY_1 的关系如何，是如图 4 - 2 中所示 $\Delta Y_1 < \Delta Y_2$ 吗？

具体的模型验证过程如下：

构建拉格朗日函数如式（4.8）：

$$y = u(h,c,\xi) + \lambda_1(Y(l;A) - c) + \lambda_2(T - l - h) \tag{4.8}$$

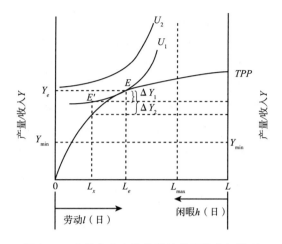

图 4 - 2　老龄化农户的休耕补偿预期分析模型

同时满足条件：

$$u(h_E, c_E, \xi) = u(h_{E'}, c_{E'}, \xi) \tag{4.9}$$

分别对 l, h 求一阶偏导，并简化，可得：

$$\left(\frac{\partial u}{\partial Y} - \frac{\partial u}{\partial L_e} \Big/ \frac{\partial Y}{\partial L_e}\right) Y(L_e; A) = \left(\frac{\partial u}{\partial Y} - \frac{\partial u}{\partial L_x} \Big/ \frac{\partial Y}{\partial L_x}\right) Y(L_x; A)$$

由 $Y(L_x; A) < Y(L_e; A)$ 可得：

$$\frac{\partial u}{\partial L_e} \Big/ \frac{\partial Y}{\partial L_e} > \frac{\partial u}{\partial L_x} \Big/ \frac{\partial Y}{\partial L_x}$$

由 E 点为均衡点，故

$\partial u/\partial L_e = \partial Y/\partial L_e$

所以

$(\partial u/\partial L_x)/(\partial Y/\partial L_x) < 1$

所以

$(\partial u/\partial L_x)(L_e - L_x) < (\partial Y/\partial L_x)(L_e - L_x)$，即 $\Delta Y_1 < \Delta Y_2$

由以上证明可知，在保持效用不变的前提下老龄化农户对休耕补偿的期望值恒小于由休耕造成的产量（或收入）的减少值。

根据上述对老龄化农户休耕补偿预期分析，这里提出丘陵山区老龄化农户休耕补偿预期假说：丘陵山区老龄化农户对休耕补偿标准的预期值要低于或等于因休耕造成的机会成本。

2. 休耕管护博弈分析。停止以往的耕种只是耕地休耕的一个环节，对耕地的养护、培肥等后续管理措施有效施行才能真正达到耕地休耕的目的，实现休耕政策的初衷。然而，从以往我国耕地管护工作来看，其成效并不理想，不少地区的耕地不仅没有得到有效管护，导致生产能力下降，甚至撂荒，还有的被转为非农用途。实际上，在耕地管护过程中主要涉及休耕农户和政府（中央政府和地方政府）两类利益相关者，中央政府是休耕工程的发起者，会基于全国整体利益和国家长远的战略规划制定科学严格的耕地休养和管护的方案。由于缺乏耕地管护的市场机制，中央政府需要运用行政手段协调其他利益相关者的利益冲突，促进耕地管护工作的顺利进行，地方政府被中央政府授权执行休耕工程，在管护耕地资源，实现耕地可持续利用的问题上与中央政府目标一致，是休耕政策真正的执行者。一般来说，从公平的角度，政府将参与休耕的农户一视同仁，给予一样的休耕补助，一样的管护补助，一样的监督，如果有惩罚的话，也是一样的惩罚。那么，在这个忽视农户类型差异的过程中，很可能由于各类型农户的利益诉求不同，不能与政府的社会生态目标达成一致，最后导致休耕不理想的结果。

在促进农户管护耕地的问题上中央政府和地方政府目标一致，都是希望农户能够对休耕地进行管护，因此可以看作一个政府整体与农户进行博弈。假设政府有两种策略，即"积极"和"消极"，如果政府选择"积极"策略，就会监督农户耕地管护，对管护耕地的农户发放补助，对不管护耕地的农户处以罚金；如果政府选择"消极"策略，就不会补助农户也不会关心耕地管护情况。农户也有两种策略，即"管护"和"不管护"。如果农户选择"管护"策略，就会积极管护耕地资源，维持耕地的生产能力，管护耕地及其周围的生态环境；如果农户选择"不管护"策略，就会直接抛荒耕地。这样政府和农户有四种策略组合，即（积极，管护）、（积极，不管护）、（消极，管护）和（消极，不管护）。尽管农户在耕地管护的策略上都只有两种，但他们各自的利益诉求不同导致的行为决策也有差异。本节首先对老龄化农户与政府之间的休耕地管护进行博弈分析。

表 4-3 为政府和老龄化农户的博弈收益矩阵，其中 A 代表农户管护耕地以外的经济收入，由于老龄化农户没有外出务工，故管护耕地以外的收入不因耕地是否管护而发生改变；B 代表户均农地面积；C 代表农户管护农地成本；D 代表农户管护耕地的生态效益；E 代表农户不管护耕地的生态损失；F 代表政府惩罚不管护耕地农户的罚金；J 为政府的监督成本；M 代表政府补助金额。

表 4 - 3　　　　　　　　　　政府和老龄化农户的博弈收益矩阵

参与主体及策略		农户	
		管护	不管护
政府	积极	(- MB + D - J, BM - BC + A)	(- MB - E - J, A - BF)
	不积极	(D, - BC + A)	(- E, A)

此时，政府与老龄化农户各自的支付函数为：

（1）当政府采取积极策略，农户也采取管护耕地策略时，政府的支付成本为监督成本（J）和执行成本（MB）；政府积极策略的收益为耕地管护所收获的生态效益（D）。老龄化农户进行耕地管护的支付为管护耕地必要支出（MC），农户的收益为政府发放的管护补助（BM - BC），以及管护耕地以外获得的其他经济收入（A），包括养老金、耕地的休耕补助等。

（2）当政府采取积极策略，农户采取不管护耕地策略时，政府的支付成本为监督成本（J）、执行成本（MB）以及耕地未受到管护所带来的生态损失（E），此时政府收益为零。对应地，老龄化农户采取不管护策略时支付成本为政府给予不管护的惩罚（BF），收益为管护耕地以外获得的其他经济收入（A）。

（3）当政府采取不积极策略，农户采取管护耕地策略时，政府的支付成本为零，收益为耕地管护所带来的生态收益（D）。老龄化农户进行耕地管护的支付为管护耕地必要支出（MC），农户的收益为管护耕地以外获得的其他经济收入（A）。

（4）当政府采取不积极策略，农户采取不管护耕地策略时，政府的支付成本为耕地不管护所带来的生态损失（E），收益为零。老龄化农户此时的支付成本为零，收益为管护耕地以外获得的其他经济收入（A）。

政府在休耕地管护策略上有主导性，因此从上述支付函数可知，当政府采取不积极策略时，农户采取不管护策略所获得的净收益（A）恒大于采取管护策略所获得的净收益（A - BC），此时农户会采取不管护策略。当政府采取积极策略时要想老龄化农户采取管护策略，就需要农户采取管护策略时的净收益（BM - BC + A）大于农户采取不管护策略时的净收益（A - BF）。

4.3.2　实证分析

根据国家颁布的轮作休耕补助标准，西南石漠化地区全年休耕试点每年每亩补助 1000 元，在贵州铜仁地区，将 1000 元补助分成了两个部分，其中 600 元作为农户休耕补助，400 元作为休耕耕地的管护补助。

（1）补偿满意度的实证分析。从理论上讲，休耕能否顺利实施很关键一环就是政府的休耕补偿能否让农户满意（王小龙，2004）。休耕并不是一年内就能完成的事，是需要一个较长的过程，如果政府的休耕补偿标准不能达到农户的心理预期，很可能影响休耕的延续性，从而让休耕功亏一篑。因此，分析休耕农户对现行休耕补偿标准满意度可以很好地衡量参与休耕农户的补偿预期，从而判断现行补偿标准是否适合中长期的休耕。

从管理者的角度来说，生态补偿标准通常以保护导致的净收益损失（机会成本）作为最小补偿，而以原有土地利用方式导致的损失（即生态成本或保护的生态收益）为最高补偿（Pagiola and Platais，2007）。补偿标准的确定主要有三种方式（黄富祥等，2002）：计算生态保护的机会成本，确定经济补偿量；采用商品价格法，计算生态效益的经济价值，作为补偿标准；综合考虑成本补偿、生态价值补偿和利益相关者参与激励等多种因素确定补偿标准。其中，机会成本支付原则是世界范围内应用最为广泛的生态补偿标准确定依据（韩洪云和俞永红，2014）。美国耕地保护储备计划和中国的退耕还林补偿项目均以耕地休耕或退耕的机会成本作为补偿标准，因此这里采用成本收益法计算耕地休耕的机会成本。

作物的亩均净收益可通过成本—收益分析获得：

$$I_{net} = p \times Y - I_{seed} - I_{pesticide} - I_{fertilizer} - I_{machinery} - I_{irrigation} \tag{4.10}$$

式（4.10）中：p 为农户出售农产品的价格（元/斤）；Y 为作物的单产（斤/亩）；I_{seed}、$I_{pesticide}$、$I_{fertilizer}$、$I_{machinery}$ 和 $I_{irrigation}$ 分别表示单位面积的种子、农药、化肥、机械和灌溉的投入成本（元/亩）。

在现行休耕补偿标准下，通过分析农户的亩均净收益与农户对现行休耕补偿标准的满意度之间的关系来验证农户休耕补偿预期假说。

将农户的亩均净收益与农户对休耕补偿满意度分布制作成图 4-3，横坐标表示农户的亩均收益，纵坐标表示农户休耕补偿满意度，纵坐标上的 1 表示农户对现行补偿标准满意，-1 表示农户对现行补偿标准不满意，图中竖直线为休耕补偿标准，为 600 元。

为了便于统计分析老龄化农户对现行休耕补偿标准的满意度，制作表 4-4 以明晰不同亩均收益下老龄化农户的满意度。

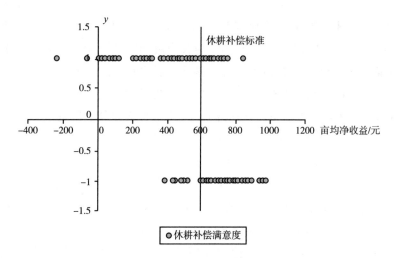

图4-3　老龄化农户对休耕补偿标准的满意度

表4-4　　　　　　　　　　老龄化农户休耕补偿满意度组成

收益	满意度	区间百分比（%）	总百分比（%）
亩均收益小于600元	满意	90.36	51.02
	不满意	9.64	5.44
区间合计		100	56.46
亩均收益大于等于600元	满意	45.31	19.73
	不满意	54.69	23.81
区间合计		100.00	43.54
合计			100.00

　　根据图4-3，老龄化农户的亩均净收益在600元以内，并且对现行补偿标准满意的主要分布在Y轴的上半部分以及竖直线（休耕补偿标准）的左侧，从灰色圆点的分布来看，在这部分的点数最多；而亩均净收益在600元以内，且对现行补偿标准不满意的主要分布在Y轴的下半部分以及竖直线的左侧，从灰色圆点的分布来看，在这部分的点最少。老龄化农户的亩均净收益在600元及600元以上，并且对补偿标准满意的主要分布在Y轴的上半部分以及竖直线的右侧，从灰色圆点的分布来看，在这一区域的点数较少；亩均净收益在600元及600元以上，并且对补偿标准不满意的主要分布在Y轴的下半部分以及竖直线的右侧，从灰色圆点的分布来看，在这区域内的点数较多。

为了更具体地体现老龄化农户对补偿标准满意度之间的差异，继续用表4-4加以说明。首先，有56.46%的农户亩均收益小于600元，其中对补偿标准满意的农户占90%以上，说明这部分农户对自己的农业生产收益有较清楚的认识，国家给予600元的休耕补偿标准超过了他们的亩均收益，同时参与休耕让他们有了更多的闲暇时间，因此，对这部分老龄化农户来说，参与耕地休耕可以增加其效用水平。同时，这部分农户占到了总的老龄化农户的一半以上。在亩均收益小于600元的农户中，仅有10%不到的农户对补偿标准不满意，问及具体原因，不少农户表示耕地休耕的归属问题（产权）、休耕后耕地的质量维护问题等存在不确定性，这些影响了农户的休耕补偿满意度。其次，有43.54%的农户亩均收益在600元或600元以上，其中对补偿标准满意的农户占45.31%，根据本章4.2节对老龄化农户休耕发生机理的分析可知，在保持效用不变的前提下老龄化农户对休耕补偿的期望值恒小于由休耕造成的产量（或收入）的减少值。这就是在亩均收益大于或等于600元的老龄化农户中，仍有45.31%的农户对现行补偿标准满意的原因。从图4-3可知，亩均收益在600~800元以内且对补偿标准满意的农户较多，而亩均收益大于800元老龄化农户且对补偿标准满意的仅有1户。亩均收益在600元或600元以上的农户中对补偿标准不满意的农户占54.69%，说明这部分老龄化农户在其效用感知中，超过补偿标准的农业收益带来的效用大于因休耕所获得的闲暇时间带来的效用，因此，他们对现行补偿标准不满意。

从数据统计分析结果来看，老龄化农户休耕补偿标准满意情况基本与老龄化农户休耕补偿预期机理的分析相符。同时，在现行的休耕补偿标准下，所有休耕调研区中有超过70%的老龄化农户对现行补偿标准满意，说明该休耕补偿标准还是符合大多数老龄化农户的效用。从国家通过给予补偿的方式来鼓励农户参与休耕的角度来说，其目的基本达到。

（2）休耕管护的博弈结果。根据对贵州省铜仁市万山特区休耕区调研农户的耕地基本情况及收入情况的统计，调研区老龄化农户户主平均年龄为68岁，户均管护耕地时的经济收入（A）为5000元，户均耕地面积5.5亩，由于老龄化农户没有务工收入，故户均不管护耕地时的经济收入仍为5000元，当地政府给予农户休耕管护的补助标准为400元，2017年农户管护耕地的亩均成本为200元。一般来说，农户管护耕地会带来比农户经济收入更大的效益，农户不管户耕地也会带来比农户收入更大的损失（林德荣和支玲，

2010)。因此，可以假设管护耕地会给政府带来 10 万元的生态效益，农户不管户耕地会给政府带来 20 万元的生态损害。此外，政府的监督成本主要用于村干部对管护耕地的监察，而耕地管护过程有种植绿肥、深翻耕等工序，能够与普通作物的种植或耕地直接不管护区分开来，也就是说用于村干部的监察成本相对较低，监督相对容易。在实际的休耕管护工作中，也没有单独的拨款项目用于行政干部的耕地管护监督。在 2017 年当地休耕管护中地方政府没有设置农户不管护耕地行为的处罚规则，但从耕地管护的长远效果考虑，我们仍然保留处罚参数 F，并通过分析均衡条件下农户的策略选择来确定处罚对农户的耕地管护是否有存在的必要，以及相应的处罚值。

通过老龄化农户与政府的耕地管护博弈分析可知，要想老龄化农户能够管护耕地，政府要采取积极策略并且需要农户采取管护策略时的净收益（BM − BC + A）大于农户采取不管护策略时的净收益（A − BF）。将老龄化农户的上述参数值带入计算，可以发现不需要给予老龄化农户处罚，他们就会选择管护策略，原因是选择管护策略时的收益大于不管护策略时的收益。但老龄化农户随着年龄的增长对闲暇的效用逐渐增高，对金钱的效用逐渐减少，因此随着年龄的增大，老龄化农户积极管护耕地的意愿会降低。

4.3.3 小结

在休耕阶段，根据老龄化农户的休耕补偿预期分析可知，在保持效用不变的前提下老龄化农户对休耕补偿的期望值小于或等于由休耕造成的产量（或收入）的减少值。对应的实证分析中，根据现行休耕补偿标准，亩均收益超过补偿标准的农户中有 45.31% 农户对现行休耕补偿标准满意，这部分农户的亩均收益集中在 600 ~ 800 元，而超过 800 元的老龄化农户对休耕补偿标准不满意。此外，在所有老龄化农户中有超过 70% 的老龄化农户对现行补偿标准满意，说明该休耕补偿标准能够满足大多数老龄化农户的预期，从国家通过给予补偿的方式鼓励农户参与休耕的角度来说，其成效基本达到。

在休耕管护阶段，根据构建的老龄化农户与政府的休耕管护博弈矩阵可知，当政府选择不积极策略时，农户会选择不管护的策略；当政府选择积极策略时，老龄化农户也会选择管护的策略，这时不需要额外设置处罚金用于惩罚老龄老农户的不管护行为。

4.4 老龄化农户耕地利用过程中化肥农药减施行为机理分析

4.4.1 行为机理

从图4-4中可知，图中包含三条曲线，其中 TPP_1 为老龄化农户传统的农业生产函数曲线，对应的无差异曲线为 U；TPP_2 为老龄化农户减少化肥农药使用时的生产函数曲线，正常情况下，化肥农药的减施会造成产量的减少，所以图中曲线 TPP_2 在曲线 TPP_1 下方。由老龄化农户模型可知，老龄化农户按传统的农业生产方式进行农业生产时，效用最大化函数为：

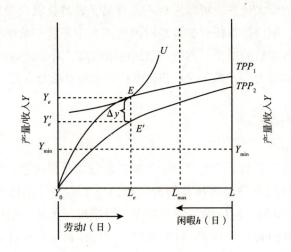

图4-4 老龄化农户减少化肥农药使用行为机理分析模型

$$maxU = u(h,c,\xi) \tag{4.11}$$

其中，h 代表农户的闲暇时间，c 代表农户所有的消费品，农户基于家庭特征 ξ 的考虑，会在消费和闲暇之间进行权衡以使效用达到最大。在农业生产中 $f1$ 为传统的农药化肥施用方案，农户会根据其他生产要素情况 A'，配置农业劳动时间 l 来经营农业，也即 $c = Y(l, f1; A')$，假定该函数服从凹函数一阶导 $Y_1 > 0$ 和二阶导 $Y_{11} < 0$ 的性质。对应的约束条件为：

$$c = Y(l, f1; A') \tag{4.12}$$

$$T = l + h \qquad (4.13)$$

$$l \leqslant L_{\max} \qquad (4.14)$$

均衡点在 E 处，对应的劳动力投入为 L_e，农业产量为 Y_e，闲暇时间为 $L - L_e$，此时的效用水平为 $U_e = u(L - L_e, Y_e, \xi)$。

当老龄化农户对化肥农药进行减施时，意味着生产函数发生改变，此时的生产函数可以表达为：

$$c' = Z(l, f2; A') \qquad (4.15)$$

其中，l 代表农户农业劳动投入时间，c' 代表农户化肥农药减施后的消费品，$f2$ 为农户化肥农药减施后化肥农药施用方案，A' 为其他生产要素投入情况。

当老龄化农户减少化肥农药施用，如果老龄化农户保持闲暇时间不变，也即此时还投入与原生产函数一样的劳动投入 L_e 时，对应的产量为 Y_e'，则有 $Y_e' < Y_e$，在这一点就会存在一条无差异曲线 I 与曲线 TPP_2 相切，设此时效用曲线满足函数 $I = i(h, c', \xi)$，也即在这一点处，农户效用为 $I_e = i(L - L_e, Y_e', \xi)$。

（1）如果老龄化农户认为化肥农药减量前后的农产品质量无差异，也即化肥农药减量前后的农产品与闲暇时间的效用关系不变，由 $Y_e' < Y_e$，可得 $I_e < U_e$。

也就是说，如果农户认为化肥农药减施后生产的农产品无差异，且化肥农药减施后农业产量会下降，此时老龄化农户不会选择 TPP_2 的生产方式，也即化肥农药减量的生产方式。

（2）如果老龄化农户对耕地利用过程中减少化肥农药生产出的农产品有一定的认知度，知道这样的农产品有益身体健康且能够保护环境，也就是说化肥农药减量前后的农产品质量有差异，且化肥农药减量后的农产品质量优于化肥农药减量前，此时对老龄化农户来说化肥农药减量后农产品与闲暇时间之间的效用关系发生改变，设化肥农药减量前后单位农产品的效用关系满足 $c' = ac$，$a > 1$。这时，化肥农药减量后在 L_e 点处的效用可以表达为 $I_e = u(L - L_e, aY_e', \xi)$，此时，在保持相同的闲暇时间 $L - L_e$ 时，U_e 和 I_e 之间的关系取决于 Y_e 和 aY_e' 之间的关系，由 $Y_e' < Y_e$ 可知，a 越大，即农户对化肥农药减量后的农产品效用感知越高，I_e 就越接近 U_e。但 I_e 的增长是有限度的，因为对老龄化农户来说存在最低的生活保障要求 $Y_{\min}$，如果当化肥农药减量后的产量达不到农户生存的最低产量，他们不会愿意减少化肥农药的使用量，

也就是说仅从改变农户对农产品的认知来促进农户在耕地利用过程中减少化肥农药的使用效果是有限的。

（3）除了改变农户对环境友好型农产品的效用感知，事实上通过给予农户因化肥农药减量导致农产品损失的补偿也能弥补老龄化农户因化肥农药减量导致的效用降低，也即补偿因耕地利用方式改变导致产量下降的 Δy，让农户感觉到耕地利用方式变化前后的效用没有改变。一般来说，补偿的方式有两种：一种是直接补偿，就是补偿农户直接的产量损失，这看似是最简单的方式，但事实上，由于农户以及他们拥有的土地千差万别，在衡量农户相应的产量损失以及监督农户减量少施化肥农药需要付出大量的经济成本，对国家来说既增加了财政压力，也不利于粮食安全的保障，该补偿方式不应考虑。另一种是间接补偿，或者说是替代补偿，即给予农户购买有机肥、生物农药替代传统化肥农药的补贴，以有效降低农户的成本，增加农户参与的积极性。

（4）减少化肥农药施用能带来很强的正外部性，且其生产的社会或生态效益远大于私人收益，相反，继续施用大量传统化肥农药会产生负的外部影响。庇古认为，对于负的外部影响应相应处以罚款，以使外部性生产者的私人利益等于社会收益（庇古，1999）。由于该方式不符合我国农村发展的国情，故不作具体分析，但仍然可以作为一种备选措施。

因此，在激励老龄化农户减少耕地利用过程中化肥农药施用的措施主要有：一是提高农户对化肥农药减施后农产品的认知；二是以给予补贴的方式鼓励农户购买有机肥、生物农药以替代传统化肥农药。对丘陵山区老龄化农户来说，第一种方式效果有限。

4.4.2 对化肥农药的认知分析

（1）化肥农药施用现状。表4-5罗列了老龄化农户近5年化肥施用量的变化趋势，其中有57.78%的农户没有改变化肥用量，有37.58%的农户表示微微增加了化肥用量，分别有3.82%的农户大量增加了化肥施用量和微微减少了化肥用量。从数据上看，有超过1/3农户的化肥施用量有微微增加，另外还有6户大量增加了化肥施用量，两者合计有大约40%的农户近年来化肥施用量增加。说明老龄化农户中有相当比例的农户在加大化肥施用量。

表4-5　　　　　　　　　　　　　　化肥施用现状

问题	您家近五年的化肥施用量（每亩）有变化吗				
选项	大量增加	微增	基本没变	微减	大量减少
户数/户	6	59	86	6	0
所占比例/%	3.82	37.58	57.78	3.82	0

表4-6罗列了老龄化农户在农业生产中使用农药及农药施用量变化情况。首先，在157户农户中，仅有4户不使用农药，仅占总老龄化农户户数的2.55%；其次，有61.15%的农户表示自家农药施用量与去年相比没有变化，有33.76%的农户表示自家农药施用量与去年相比增加了，有5.10%的农户农药施用量与去年相比减少了。和化肥施用现状类似，大约有2/5的老龄化农户农药施用量在增加。

表4-6　　　　　　　　　　　　　　农药施用现状

问题	是否使用农药		您家今年与去年相比农业生产中农药施用量变化情况（每亩）		
选项	是	否	用量增加	用量不变	用量减少
户数/户	153	4	53	96	8
所占比例/%	97.45	2.55	33.76	61.15	5.10

结合表4-5和表4-6，无论化肥还是农药，仍存在相当比例的老龄化农户在耕地利用过程中扩大它们的用量，而仅有极少比例的农户减少化肥农药用量。

（2）对化肥农药施用的环境影响认知。在表4-7中，从问题"您知道长期使用化肥会造成土壤污染、板结和盐碱化吗"的回答选项可以得知，老龄化农户中，选择"非常清楚，会造成较为严重的后果"这一选项的农户数为13.46%，选择"了解一点，但不影响化肥施用量"这一选项的农户为58.33%，而选择"不了解"选项的农户为28.21%。也就是说，有超过80%的老龄化农户对长期使用化肥会导致土壤污染、板结以及盐碱化这一现象没有深刻的认识，尽管对化肥的危害有一点认知的老龄化农户超五成，但这并不能影响他们化肥施用量。

表4-7   对化肥施用的环境影响认知

问题	您知道长期施用化肥，会造成土壤污染、板结、盐碱化吗		
选项	非常清楚，会造成较为严重的后果	了解一点，但不影响化肥用量	不清楚
户数/户	21	91	44
所占比例/%	13.46	58.33	28.21

如表4-8所示，在回答"在购买化肥时，您考虑的首要因素是什么"的问题时，有59.87%的农户选择"期望的作物产量"，也就是说有大约60%的老龄化农户是从产量角度选购化肥；其次有29.94%的农户选择"家庭收入"作为使用化肥时考虑的首要因素，这一选项的比例仅次于选项"期望的作物产量"，可能的原因是老龄化农户收入来源较少，获取的收入总额较低，导致他们在购买化肥时要考虑经济因素；仅有4户选择"环境因素（如化肥对土壤的污染）"这一选项，占老龄化农户总数的2.55%。

表4-8   购买化肥考虑的因素

问题	在购买化肥时，您考虑的首要因素是什么			
选项	家庭收入	期望的作物产量	化肥/农产品价格	环境因素（如化肥对土壤造成污染）
户数/户	47	94	12	4
所占比例/%	29.94	59.87	7.64	2.55

结合表4-7和表4-8，老龄化农户关于化肥施用的环境影响认知整体上还不深刻，尽管有13.46%的农户知道长期施用化肥，会造成土壤污染、板结、盐碱化，但在实际决定化肥施用量时，仅有2.55%的农户首要考虑的是化肥对环境造成的危害，而剩下的97.45%的农户首要考虑的还是作物产量、家庭收入之类的经济因素。从这一点看出，哪怕有部分老龄化农户深刻地知道化肥长期施用会对耕地土壤环境造成破坏和污染，但在实际化肥施用中仍然以产量、价格以及家庭收入等经济因素作为首要考虑的内容，这种以注重短期产量的不可持续耕地利用行为反映出丘陵山区老龄化农户可能还处于依靠农业生产解决温饱需求的层面，对化肥长期施用的土壤环境影响无暇顾及。

在表4-9中，从问题"您认为使用农药对土壤是否会产生不良影响"

的回答选项可以得知，有 38.85% 的农户认为农药的使用对土壤产生较大不良影响，仅有 3.18% 的农户认为有严重的不良影响，两者合计大约有 40% 的农户认为农药的施用会对土壤环境产生较大甚至严重的影响。这一比例高于农户对化肥施用的环境影响认知。

表 4 - 9　　　　　　　　　　　　对农药施用的环境影响认知

问题	您认为使用农药对土壤是否会产生不良影响				
选项	无影响	影响很小	影响一般	影响较大	影响严重
户数/户	11	37	43	61	5
所占比例/%	7.00	23.57	27.39	38.85	3.18

在表 4 - 10 中，从问题"您认为施用农药对农作物食品安全是否会产生不良影响"的回答选项可以得知，有 37.58% 的农户认为农药的施用对农作物产生较大的不良影响，仅有 5.73% 的农户认为有严重的不良影响。也就是说有超过 40% 的老龄化农户认为农药施用会对农作物带来不良影响。

表 4 - 10　　　　　　　　　　　　农药对农作物危害的影响

问题	您认为施用农药对农作物食品安全是否会产生不良影响				
选项	无影响	影响很小	影响一般	影响较大	影响严重
户数/户	11	33	45	59	9
所占比例/%	7.00	21.02	28.66	37.58	5.73

在表 4 - 11 中，从问题"您选择农药的首要依据是什么？"的回答选项可以得知，选择"农药价格"选项的老龄化农户比例为 52.87%，选择"治疗病虫害的效果"这一选项的比例为 40.76%，而选择"保护环境"的农户比例仅为 3.18%。

表 4 - 11　　　　　　　　　　　　选购农药的依据

问题	您选择农药的首要依据是什么			
选项	农药价格	保护环境	治疗病虫害的效果	品牌
户数/户	83	5	64	5
所占比例/%	52.87	3.18	40.76	3.18

结合表 4 - 9、表 4 - 10 和表 4 - 11，相对于化肥对环境影响的认知，老龄化农户关于农药施用对土壤环境和农作物的影响认知程度相对较高，这一

比例达到40%左右，但在实际选购农药时，仅有3.18%的农户将"保护环境"作为首选依据。这再一次证明了丘陵山区老龄化农户耕地利用行为以注重短期产量为主。

（3）模拟政策的选择认知。表4－12罗列了老龄化农户对以补贴的方式鼓励农民施用有机肥、喷洒生物农药替代普通农药的接受程度。有59.87%的农户选择愿意，19.75%的农户表现出强烈的意愿，两者合计比例接近80%。这说明绝大部分老龄化农户对这一模拟政策有相当的认可度。

表4－12　对补贴方式购买有机肥/生物农药替代普通化肥农药的接受意愿

问题	如果国家通过补贴的方式鼓励农民施用有机肥、喷洒生物农药替代普通化肥农药，您愿意接受吗				
选项	非常愿意	愿意	无所谓	不愿意	非常不愿意
户数/户	31	94	13	17	2
所占比例/%	19.75	59.87	8.28	10.83	1.27

表4－13罗列了老龄化农户对种植有机农产品的意愿程度。其中，有55.41%的农户选择"无所谓"，有33.12%的农户选择"不愿意"，有11.46%的农户选择"愿意"。从数据上看，大部分老龄化农户对种植有机农产品获取更高的经济收益没有兴趣，可能的原因是老龄化农户种植的农产品主要留作口粮。

表4－13　　　　　对种植有机农作物的参与意愿

问题	如果市场上的有机农产品价格上涨，而且销售情况很好，您会愿意种植有机作物吗		
选项	愿意	无所谓	不愿意
户数/户	18	87	52
所占比例/%	11.46	55.41	33.12

表4－14罗列了老龄化农户对过量施肥/喷洒农药征税的意愿程度。选择"不愿意"的农户比例最高，为66.24%，表现出强烈不愿意的农户比例为13.38%，两者合计比例接近80%，同时有17.20%的农户觉得征不征税无所谓，而选择"愿意"和"非常愿意"的合计比例仅为3.18%。从数据上看，这一模拟政策在老龄化农户中很不受欢迎。

表 4 – 14　　　　　　　　对过量施肥/喷洒农药征税的接受意愿

问题	如果国家对过量施肥/喷洒农药征税，您是否愿意接受				
选项	非常愿意	愿意	无所谓	不愿意	非常不愿意
户数/户	2	3	27	104	21
所占比例/%	1.27	1.91	17.20	66.24	13.38

　　结合表 4 – 12、表 4 – 13 及表 4 – 14，老龄化农户对以补贴方式购买有机肥/生物农药替代普通化肥农药的模拟政策接受意愿程度高，对过量施肥/喷洒农药征税的模拟政策接受意愿程度很低，同时对种植有机农产品不是很感兴趣。

4.4.3　小结

　　本节内容首先利用农户模型，分析了丘陵山区老龄化农户耕地利用过程中化肥农药减施的行为机理及可能适宜的政策。分析的结果显示，丘陵山区老龄化农户没有自发减少耕地利用过程中化肥农药施用量的动力；在适宜的政策方面，可以从提高农户对化肥农药的环境认知和以补贴的方式鼓励农户用有机化肥、生物农药替代传统化肥农药这两方面入手，但前者的效果可能有限。

　　通过对调研数据的统计分析，结果发现：①在化肥农药施用现状方面，存在相当比例（超过 1/3）的老龄化农户仍在加大化肥农药施用量；②在化肥农药对环境影响的认知方面，老龄化农户对农药施用的环境影响认知程度要高于对化肥施用的环境影响认知，但从实际化肥和农药购买决策上，农户受化肥和农药施用的环境因素影响很小，农作物产量等经济因素才是他们考虑的主要因素，也就是说提高老龄化农户农药化肥施用的环境影响认知对他们的实际农业生产决策行为影响不大；③在模型政策的选择认知方面，老龄化农户更倾向于通过补贴形式施用有机肥、生物农药替代传统化肥农药的方式。

4.5　研 究 结 论 与 政 策 启 示

4.5.1　研究结论

　　本章基于农户模型分别对丘陵山区老龄化农户自发型耕地利用生态转型、政府主导型耕地利用生态转型以及耕地利用过程中化肥农药减施的行为机理进行分析，并在此基础上利用实地调研的农户数据对上述行为机理进行实证分析，主要得到以下结论：

（1）在自发型耕地利用生态转型过程（撂荒）中，随着农户年龄的增大，丘陵山区老龄化农户撂荒耕地的概率增加，且耕地撂荒优先发生在离家远、土地质量差、灌溉条件劣的耕地。在实证分析中，农户年龄每增加一岁，耕地撂荒的概率增加8.5%。

（2）在耕地休耕阶段，按照现行休耕补偿标准，所有老龄化农户中有超过70%（其中45.13%的农户亩均收益超过补偿标准）的农户对现行休耕补偿标准满意，说明该休耕补偿标准能够满足大多数老龄化农户的预期。

在休耕管护阶段，只要政府采取"积极"的策略，监督农户的管护行为并及时发放补助，老龄化农户就会选择"管护"策略。

（3）在耕地利用过程中，丘陵山区老龄化农户没有自发减少化肥农药施用量的动力；提高老龄化农户农药化肥施用的环境影响认知对他们实际农业生产决策行为影响不大，老龄化农户更倾向于通过补贴形式购买有机化肥、生物农药替代传统化肥农药的方式。

4.5.2 政策启示

（1）丘陵山区老龄化农户耕地撂荒是农户在追求效用最大化过程中的自发选择，选择结果是劣质耕地的撂荒，并且农户年龄越大，撂荒发生的概率也越大。因此，可以循序渐进地推进丘陵山区劣质耕地的生态退耕，同时对于已经发生的劣质耕地撂荒及时采取措施恢复植被覆盖以增加土壤入渗率，减少地表径流，以达到有效减轻土壤侵蚀和水土流失的效果。

（2）规划合理的休耕范围。一方面能够让真正需要休耕的耕地得到休养；另一方面也能减少农户不必要的损失。从老龄化农户的休耕补偿预期看，亩均收益高于800元的耕地不应规划在休耕范围内。在休耕管护阶段，起主导作用的政府行为显得至关重要，政府积极对农户耕地管护行为进行监督，并对积极管护耕地的农户及时发放管护补助，老龄化农户就会采取管护策略，而政府不作为的话，休耕必定不能取得理想效果。

（3）在老龄化农户自发减少化肥农药施用动力不足的情况下，通过补贴形式鼓励农户购买有机肥、生物农药替代传统化肥农药将是促进老龄化农户减少传统化肥农药施用量的有效方式。

第5章　纯农户耕地利用生态转型行为机理分析

5.1　引　言

与老龄化农户不同，虽然纯农户也基本只进行农业生产，但他们是追求利润最大化的理性小农。这部分群体在丘陵山区并不庞大，但也是一个组成部分，从研究的完整性和系统性角度考虑，分析纯农户耕地利用生态转型行为机理是有必要的。本章从纯农户视角下分析耕地利用生态转型的行为机理。

5.2　纯农户自发型耕地利用生态转型行为机理及实证分析

5.2.1　行为机理

根据前文对纯农户的描述，我们知道本书中的纯农户近似于"理性小农"，显然，理性小农的行为动机是追求利润最大化，在农业生产中，追求利润最大化的条件是边际产品价值等于投入要素价格。然而，这一模型能合理解释农户行为决策的前提假设之一是土地质量是均一的，实际上，从我国农村实行家庭联产责任承包制以来，为了体现公平，都是将土地按质量的好、中、差平均分给农户。一方面导致农户承包的土地是分散细碎的；另一方面使得每户都有好田（地）、差田（地）。所以，对于纯农户来说，他们所耕种的田地也有好差之别。因此，我们需要对原有的生产函数模型进行修改，具体如图 5-1（1）所示。

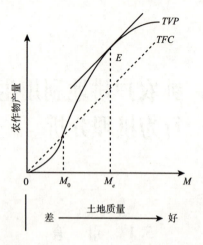

图5-1(1)　纯农户的农业生产函数

根据图5-1(1),模型中的 X 轴包含两层含义:一是从 $0 \sim M$ 依次是土地数量;二是从左往右代表土地质量从差到好,所以此模型中的 M(包括 M,M_0,M_e,以及后文中的 M_0',M_e')都包含了数量和质量两层含义。在其他生产条件既定的情况下,在 M_0 以前,随着质量好的土地数量的增加,其边际收入是递增的(此时,土地数量较少,耕种的监管成本忽略不计),但在 M_0 以前的总收入一直小于总成本,也就是说农户在这些耕地上进行生产时,是会亏损的。因此,纯农户(理性小农)会选择从 M_0 开始生产,最优生产面积在 M_e,当然可能会存在农户自有耕地面积小于 M_e 的情况,此时,在流转条件许可时,农户会租入他人的土地,当流转条件不成熟时,农户则会在自有土地上进行耕种,尽管此时的经济并不是最优,但是农户在既有条件下获得的收入最大。也就是说,在既定的生产条件下,纯农户会优先撂荒对他们来说没有收益的劣质耕地。

事实上,这个模型也可以分析动态情况下的纯农户耕地撂荒机理。由于我们的调研数据只有一个年份,不能根据面板数据来实证动态情况下纯农户的耕地撂荒机理。但是我们仍然可以分析这过程,模型过程如图5-1(2)所示。

在图5-1(2)中,原生产函数为 TVP,原总成本曲线为 TFC,因此原均衡点在 E 点处,农户撂荒耕地面积为 M_0,用于农业生产的耕地面积为 $M_e - M_0$。当单位产量的成本降低,也就是总成本曲线变得相对平缓一些时,即图中的 TFC',TFC' 与 TVP 曲线产生新的均衡点 E',此时农户亏损来自于

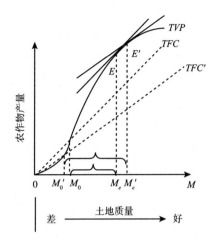

图 5 - 1（2）　纯农户的耕地撂荒发生机制

种 M_0' 以前的耕地，理性小农会将 M_0' 面积的耕地撂荒；经济最优生产面积为 M_e' 处，所以用于农业生产的耕地面积为 $M_e' - M_0'$。当然这里依然会存在当农户自有耕地面积小于 M_e' 的情况，此时，在流转条件许可时，农户会租入他人的土地，当流转条件不成熟时，农户则会在自有土地上进行耕种，尽管此时的经济并不是最优，但是农户在既有条件下获得的收入最大。也就是说，从中长期来看，农户根据生产要素价格（包括种子、化肥、农药、农膜、灌溉、机械、雇工等）和农产品价格等因素的影响来调整用于农业生产的耕地，及时撂荒边际耕地。

通过上述分析，提出丘陵山区纯农户耕地撂荒假说：丘陵山区纯农户耕地撂荒行为主要受农业收入方面因素的影响，也就是说耕地质量差、灌溉条件劣、距离家远的边际耕地会被优先撂荒。

5.2.2　实证分析

根据实际调研的 61 份纯农户数据，耕地地块总数 1081 块，其中撂荒地块 105 块，占比 9.71%。

（1）实证模型的构建。本部分运用的方法是二元 Logistic 回归，模型与老龄化农户撂荒的实证模型一致，此处不再赘述。

（2）变量的选取及描述性统计分析。

由于纯农户以农业生产利润最大化为目标，实际调研中，纯农户也几乎没有非农务工的情况，故在纯农户的耕地撂荒 Logistic 回归模型中不考虑非农务工人数和非农务工收入这两个变量。此外纯农户户主均为男性，故在模型中也不予考虑。在实证模型中，耕地是否撂荒为因变量，同时选取了家庭常住人口、户主年龄、户主受教育程度、耕地总面积、地块总数、耕地是否机械化、耕地类型、耕地质量、灌溉情况、地块到最近公路的距离以及地块到家的距离等 11 个变量作为自变量。其中，户主受教育程度、耕地质量、地块到最近公路的距离和地块到家的距离是有序分类变量，耕地类型和灌溉情况为二分变量。

为了避免自变量之间的多重共线性，进行方差膨胀因子（VIF）检验，检验结果显示方差膨胀因子值均小于 10，证明所选自变量不存在多重共线性，可以放入 Logistic 回归模型中。

通过表 5－1 的描述性统计分析，纯农户的平均年龄为 56.13 岁，平均耕地面积为 15.58 亩，地块平均为 17.73 块，有 89% 的农户在耕作中使用了小型机械。

表 5－1　　　　　　　　　变量的选取及其描述性统计分析

变量	单位	平均值	标准差
家庭常住人口	人	4.40	1.78
户主年龄	岁	56.13	10.19
户主受教育程度	1~5	2.61	0.88
耕地总面积	亩	15.58	7.81
地块数	块	17.73	5.19
耕作是否机械化	0~1	0.89	0.16
耕地类型（水田/旱地）	0~1	0.49	0.50
耕地质量	1~3	1.85	0.74
灌溉情况	0~1	0.39	0.49
到最近公路距离	1~3	1.72	0.76
到家距离	1~3	2.02	0.73

从表 5－2 模型的回归结果看，纯农户耕地撂荒的 Logistic 回归模型有很好的拟合度，HL 指标值为 1.058，p 值为 0.998，统计检验不显著，即模型很好地拟合了数据。根据 Wald χ^2 统计量，影响纯农户耕地撂荒的主要因素排在前三位的分别是地块的灌溉情况、地块到家的距离以及耕地质量，地块的

灌溉情况对纯农户耕地撂荒呈显著的负向影响，其参数估计值为 -4.625，表示不能受到正常灌溉的耕地被撂荒的概率是能受到正常灌溉耕地的 4.625 倍。地块到家的距离对纯农户耕地撂荒呈显著的正向影响，其参数估计值为 2.833，表示地块到家的距离每增加一个梯度，纯农户耕地撂荒的概率增加 283.3%，也就是说地块离家越远越容易被纯农户撂荒，原因是地块距离家越远，意味着农户要花费更多的时间经营该地块，当农业劳动时间也作为经济投入考虑到农业生产中时，纯农户也会用最适量的农业劳动时间进行农业生产，为此也存在将偏远地块进行撂荒的可能。耕地质量对纯农户耕地撂荒呈显著的负向影响，其参数估计值为 -4.211，表示耕地质量每下降一个梯度，纯农户耕地撂荒的概率增加 421.1%，也即耕地质量越差越容易被撂荒。耕地质量和地块的灌溉情况都是对地块特征的反映，耕地质量越差并且无灌溉设施的地块意味着其产量相对更低，对纯农户来说，产量低意味着农业利润低，因此，这一类型的耕地会被纯农户优先撂荒。

表 5 - 2 　　　　　　　　　　纯农户耕地撂荒的 Logistic 回归模型

变量	参数估计（β）	标准误差（SE）	Waldχ^{2}统计量	Pr＞χ^2	EXP（β）
家庭常住人口	-0.363	0.535	0.461	0.497	0.695
户主年龄	0.053	0.079	0.447	0.504	1.054
户主教育程度	0.625	0.872	0.514	0.474	1.868
耕地总面积	-0.117	0.233	0.252	0.616	0.890
地块总数	0.065	0.071	0.829	0.363	1.067
耕地机械化	-0.688	2.725	0.064	0.801	0.503
耕地类型	-0.484	1.184	0.167	0.683	0.616
耕地质量	-4.211	1.604	6.890	0.009**	0.015
灌溉情况	-4.625	1.486	9.692	0.002**	0.010
到最近公路的距离	-0.004	0.984	0.000	0.997	0.996
到家的距离	2.833	1.039	7.433	0.006**	16.996
常量	1.942	6.783	0.082	0.775	6.971
HL = 1.058，p = 0.998					

注：* $p<0.05$，** $p<0.01$，*** $p<0.001$。

总的来说，纯农户耕地撂荒的 Logistic 回归分析的结果基本验证了前文纯农户耕地撂荒假说，丘陵山区纯农户耕地撂荒行为主要受农业收入方面因素的影响，也即耕地质量差、灌溉条件劣、距离家远等边际耕地会被优先撂荒。

5.2.3 小结

本节内容主要分析纯农户自发型耕地利用生态转型——撂荒的行为机理，通过实证分析验证了丘陵山区纯农户耕地撂荒行为主要受农业收入方面因素的影响，也即说耕地质量差、灌溉条件劣、距离家远等边际耕地会被优先撂荒的假说成立。

5.3 纯农户政府主导型耕地利用生态转型行为机理及实证分析

5.3.1 行为机理

（1）休耕补偿预期分析。纯农户的行为决策接近于舒尔茨的理论小农，投入产出要素的价格变动是农户行为决策变动的指向标。短期内，当投入产出要素的价格不变时，纯农户的农业生产达到均衡状态，也即图中 5-2 中的 E 点，对应的劳动力投入为 L_e，农业收入为 Y_e。休耕意味着农户的农业必要劳动投入减少，假设参与休耕的纯农户的劳动投入时间由原来的 L_e 减少到休耕后的 L_e'，对应的农业产量减少量为 ΔY。对纯农户来说，利润最大化就是效用最大化，要想休耕后，他的效用不降低，那么休耕补偿应大于等于 ΔY。

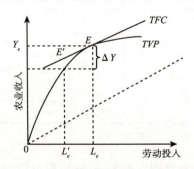

图 5-2　纯农户休耕参与机理分析模型

因此，这里提出丘陵山区纯农户休耕补偿预期假说：纯农户参与休耕的补偿预期不低于因休耕造成的收益损失。

（2）休耕管护博弈分析。当耕地参与了休耕后，一般来说，纯农户并不能马上找到稳定的非农工作，此时，他们很可能进入非稳定型兼业户的行列，由于非稳定型兼业户工作时间零散，而休耕地管护与正常情况下的耕地种植相比花费的劳动时间更少，因此，对于此时的纯农户来说，他们可以利用没有务工的时间对耕地加以管护，那么管不管护耕地对他们来说务工收入都是一样的。在这种情况下，纯农户与政府之间的休耕管护博弈与老龄化农户与政府之间的博弈是一样的，这里不再赘述。

相同地，当政府采取不积极策略时，农户采取不管护策略所获得的净收益（A）恒大于采取管护策略所获得的净收益（A−BC），此时农户会采取不管护策略。当政府采取积极策略时要想纯农户采取管护策略，就需要农户采取管护策略时的净收益（BM−BC+A）大于采取不管护策略时的净收益（A−BF）。

5.3.2　实证分析

（1）休耕补偿满意度的验证。由于西南石漠化地区的休耕工程才刚刚试点，涉及参与休耕的纯农户数量非常少，导致在实际调研过程中，仅收集到3份纯农户的休耕数据，这3户农户的亩均收益均在600元以上且对现行休耕补偿标准不满意，虽然与理论分析的假说是一致的，但由于数据量确实过少，这里保留对纯农户休耕补偿预期的验证。

（2）休耕管护行为机理的实证分析。根据对贵州省铜仁市万山特区休耕区调研农户的耕地基本情况及收入情况的统计，调研区纯农户户均管护耕地时的经济收入为2.0万元，户均耕地面积15.58亩，户均不管护耕地时的经济收入为5万元，当地政府给予农户休耕管护的补助标准为400元，2017年农户管护耕地的亩均成本为200元。管护耕地带来的生态效益为10万元，不管护耕地带来的生态损失为20万元，设政府给予纯农户不管护耕地行为的处罚为F。

通过纯农户与政府的休耕管护博弈分析可知，当政府采取不积极策略时，农户采取不管护策略所获得的净收益（A）恒大于采取管护策略所获得的净收益（A−BC），此时农户会采取不管护策略。当政府采取积极策略时要想纯农户采取管护策略，就需要农户采取管护策略时的净收益（BM – BC + A）大于农户采取不管护策略时的净收益（A – BF）。代入实际数值，可以发现不需要给予纯农户处罚，他们就会选择管护策略，原因是选择管护策略时的收益大于不管护策略时的收益。

5.3.3 小结

在耕地休耕阶段，根据纯农户的耕地休耕补偿预期分析可知，国家给予的休耕补偿应大于等于非稳定型兼业户由休耕造成的产量（或收入）的减少值。尽管实地调研获取的 3 户农户亩均收益都超过 600 元，且都对现行休耕补偿标准不满意。但由于数据量确实过少，这里保留对纯农户休耕补偿满意度的验证。

在耕地管护阶段，根据纯农户与政府的休耕管护博弈矩阵可知，当政府选择不积极策略时，农户会选择不管护的策略；当政府选择积极策略时，纯农户就会选择管护的策略，这时不需要额外设置处罚金用于惩罚纯农户的不管护行为。

5.4 纯农户耕地利用过程中化肥农药减施行为机理分析

5.4.1 行为机理

本书中纯农户是利润最大化的追求者，他们根据市场价格调整要素投入，其耕地利用过程中投入的化肥农药量是根据化肥、农药与农产品的市场价格的比值来决定，且农产品的最终产量是纯农户利润最大值点，也即图 5 – 3 中的 A 点，此时对应的要素（化肥或农药）投入量为 X_1，对应的农作物产值为 Y_1，假设传统生产的农产品市场价格为 P_{y1}，要素（化肥或农药）的市场价格为 P_x，那么在 A 点处，农户获得的最大利润为 S_1，且满足边际产品价值等于要素边际成本，也即 $MVP_x = P_x/P_{y1}$，此时农户获取利润：

$$S_1 = P_{y1}Y_1 - P_xX_1 - M \tag{5.1}$$

式（5.1）中，M 为其他要素投入成本。

当纯农户进行化肥农药减量少施，且其他要素投入不变时，设化肥或农药投入为 $X_2(X_2 < X_1)$，对应的农作物产值为 Y_2。且 $Y_2 < Y_1$。由图 5-3 可知，当农户进行化肥农药减量，且纯农户生产的农产品市场环境没有改变，即农产品的市场价格仍为 P_{y1}，此时农户获取的利润为：

$$S_2 = P_{y1}Y_2 - P_xX_2 - M \qquad (5.2)$$

由于 A 点为农户生产的利润最大化点，必然有 $S_2 < S_1$，所以农户利润减少，减少量为 $\Delta S = S_1 - S_2$，对于追求利润最大化的纯农户来说，在这种情况下，他们没有动力在耕地利用过程中减少化肥农药的施用量。

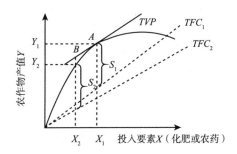

图 5-3　纯农户环境友好型耕地利用参与机理分析模型

如果化肥农药减量少施后的农产品得到相应的有机、生态或绿色农产品的认证，纯农户能够将该农产品以高于普通农产品的价格销售，也即农产品价格上升为 P_{y2}，此时农户获取的利润为：

$$S_2' = P_{y2}Y_2 - P_xX_2 - M \qquad (5.3)$$

由于 $P_{y2} > P_{y1}$、$Y_2 < Y_1$ 且 $X_2 < X_1$，所以 S_1 与 S_2' 之间的大小关系不确定，通过计算可得，当 $P_{y2} > [P_{y1}Y_1 + P_x(X_2 - X_1)]/Y_2$ 时，$S_2' > S_1$，此时对农户来说，在耕地利用过程中减少化肥农药用量能够带来更大的利润。

此外，从激励纯农户减少化肥农药用量的角度来说，给予农户补偿也是一种方式，补偿因耕地利用方式改变导致产量下降的 Δy，让农户感觉到耕地利用方式变化前后的效用没有改变。如对老龄化农户的分析一样，通过间接的补偿方式，即给予农户购买有机肥、生物农药替代传统化肥农药的补贴，以有效降低农户采用环境友好型耕地利用的成本，增加农户参与的积极性。

基于上述分析，激励丘陵山区纯农户减少耕地利用过程中化肥农药施用量的方式主要有两种：一是区别于传统化肥农药生产的农产品，加强有机、绿色和生产农产品的认证体系构建，降低农户进入该类农产品市场的门槛，促进化肥农药减施后生产的农产品（有机、绿色、生态农产品）价格机制的形成，让纯农户有利可图；二是以给予补贴的方式鼓励农户购买有机肥、生物农药以替代传统化肥农药。

5.4.2 对化肥农药的认知分析

（1）化肥农药施用现状。表5-3罗列了纯农户近5年化肥施用量的变化趋势，其中有49.18%的农户没有改变化肥施用量，有39.34%的农户表示微微增加了化肥用量，有3.27%的农户大量增加了化肥施用量，有8.21%的农户微微减少了化肥用量。从数据上看，有大约2/5农户的化肥施用量有微微增加，另外还有2户大量增加了化肥施用量，两者合计有超过40%的农户近年来化肥使用量增加。说明纯农户中加大化肥施用量的比例较高。

表5-3   化肥施用现状

问题	您家近五年的化肥施用量（每亩）有变化吗				
选项	大量增加	微增	基本没变	微减	大量减少
户数/户	2	24	30	5	0
所占比例/%	3.27	39.34	49.18	8.21	0.00

表5-4罗列了纯农户在农业生产中使用农药及农药施用量变化情况。首先，67户农户全部使用农药，无不使用农药的纯农户；其次，有59.02%的农户表示自家农药施用量与去年相比没有变化，有34.43%的农户表示自家农药施用量与去年相比增加了，有6.55%的农户农药施用量与上年相比减少了，总的来说，大约有1/3的纯农户农药施用量在增加。

表5-4   农药施用现状

问题	是否使用农药？		您家今年与去年相比农业生产中农药施用量变化情况（每亩）		
选项	是	否	用量增加	用量不变	用量减少
户数/户	61	0	21	36	4
所占比例/%	100.00	0	34.43	59.02	6.55

由表5-3和表5-4可知，无论化肥还是农药，仍存在相当比例的纯农

户在耕地利用过程中扩大它们的用量，而仅有极少比例的农户减少化肥农药
用量。

（2）对化肥农药施用的环境影响认知。在表5-5中，从问题"您知道
长期使用化肥会造成土壤污染、板结和盐碱化吗"的回答选项可以得知，纯
农户中，选择"非常清楚，会造成较为严重的后果"这一选项的农户数为
3.28%，选择"了解一点，但不影响化肥施用量"这一选项的农户为
83.61%，而选择"不了解"选项的农户为13.11%，也就是说有超过95%的
纯农户对长期施用化肥会导致土壤污染、板结以及盐碱化这一现象没有深刻
的认识，尽管对化肥的危害有一点认知的纯农户超七成，但这并不能影响他
们对化肥的施用量。

表5-5　　　　　　　　对化肥施用的环境影响认知

问题	您知道长期施用化肥，会造成土壤污染、板结、盐碱化吗		
选项	非常清楚，会造成较为严重的后果	了解一点，但不影响化肥用量	不清楚
户数/户	2	51	8
所占比例/%	3.28	83.61	13.11

如表5-6所示，在回答"在购买化肥时，您考虑的首要因素是什么"
的问题时，有55.73%的农户选择"期望的作物产量"，也就是说有大约60%
的纯农户是从产量角度选购化肥；有37.70%的农户选择"化肥/农产品价
格"作为使用化肥时考虑的首要因素，这一选项的比例仅次于选项"期望的
作物产量""期望的作物产量""化肥/农产品价格"都是农业生产中的经济
要素；仅有2户选择"环境因素（如化肥对土壤的污染）"这一选项，占纯
农户总数的3.28%。

表5-6　　　　　　　　购买化肥考虑的因素

问题	在购买化肥时，您考虑的首要因素是什么			
选项	家庭收入	期望的作物产量	化肥/农产品价格	环境因素（如化肥对土壤造成污染）
户数/户	2	34	23	2
所占比例/%	3.28	55.73	37.70	3.28

由表5-5和表5-6可知，纯农户关于化肥施用的环境影响认知不足，他

们在农业生产中主要考虑影响利润最大化的经济因素，基本上不考虑环境要素。

在表 5-7 中，从问题"您认为施用农药对土壤是否会产生不良影响"的回答选项可以得知，有 24.59% 的农户认为农药的施用对土壤产生较大不良影响，仅有 6.57% 的农户认为有严重的不良影响，两者合计大约有 31% 的农户认为农药的施用会对土壤环境产生较大甚至严重的影响，同样表现出纯农户关于农药对环境影响的认知不足。

表 5-7　　　　　　　　　　　　对农药施用的环境影响认知

问题	您认为施用农药对土壤是否会产生不良影响				
选项	无影响	影响很小	影响一般	影响较大	影响严重
户数/户	7	10	25	15	4
所占比例/%	11.47	16.39	40.98	24.59	6.57

在表 5-8 中，从问题"您认为施用农药对农作物食品安全是否会产生不良影响"的回答选项可以得知，有 36.07% 的农户认为农药的施用对农作物产生较大的不良影响，仅有 4.92% 的农户认为有严重的不良影响，也就是说有超过 40% 的纯农户认为农药施用会对农作物带来不良影响。

表 5-8　　　　　　　　　　　　农药对农作物危害的影响

问题	您认为施用农药对农作物食品安全是否会产生不良影响				
选项	无影响	影响很小	影响一般	影响较大	影响严重
户数/户	7	11	18	22	3
所占比例/%	11.47	18.03	29.51	36.07	4.92

在表 5-9 中，从问题"您选择农药的首要依据是什么"的回答选项可以得知，选择"治疗病虫害的效果"这一选项的比例为 47.55%，选择"农药价格"选项的纯农户比例为 44.26%，而选择"保护环境"的农户比例仅为 8.19%。

表 5-9　　　　　　　　　　　　选购农药的依据

问题	您选择农药的首要依据是什么			
选项	农药价格	保护环境	治疗病虫害的效果	品牌
户数/户	27	5	29	0
所占比例/%	44.26	8.19	47.55	0.00

由表 5 – 7、表 5 – 8 和表 5 – 9 可知，纯农户关于农药施用对土壤环境和农作物的影响认知程度不高，在实际的农药施用决策中主要考虑影响利润最大化的经济因素。

（3）模拟政策的选择认知。表 5 – 10 罗列了纯农户对以补贴的方式鼓励施用有机肥、喷洒生物农药替代普通农药的接受程度。有 62.29% 的农户选择愿意，18.03% 的农户表现出强烈的意愿，两者合计比例超过 80%，这说明绝大部分纯农户对这一模拟政策有相当的认可度。但仍有超过 10% 的农户表示"不愿意"或"非常不愿意"，进一步追问原因，他们认为施有机肥、喷洒生物农药比施普通化肥、喷洒普通农药要更麻烦，耗费的时间会更多，同时产量没有保障。

表 5 – 10   **对补贴方式鼓励施用有机肥/生物农药替代**

普通化肥农药的接受意愿

问题	如果国家通过补贴的方式鼓励农民施用有机肥、喷洒生物农药替代普通化肥农药，您愿意接受吗				
选项	非常愿意	愿意	无所谓	不愿意	非常不愿意
户数/户	11	38	3	8	1
所占比例/%	18.03	62.29	4.92	13.11	1.65

表 5 – 11 罗列了纯农户对种植有机农产品的意愿程度。其中，有 60.65% 的农户选择"愿意"，有 27.86% 的农户选择"无所谓"，有 11.49% 的农户选择"不愿意"。从数据上看，大部分纯农户对种植有机农产品获取更高的经济收益很有兴趣，但也有超过 1/4 的农户觉得种不种植有机作物无所谓，原因是有机农产品需要得到认证，而就普通的纯农户来说要对自家农产品进行有机/绿色认证难度非常大，如果不认证则在市场上无法与普通农产品区分开，容易造成哪怕是真正有机农产品也只能卖到普通农产品的价格，最后损失的还是农户。

表 5 – 11   **对种植有机农作物的参与意愿**

问题	如果市场上的有机农产品价格上涨，而且销售情况很好，您会愿意种植有机作物吗		
选项	愿意	无所谓	不愿意
户数/户	37	17	7
所占比例/%	60.65	27.86	11.49

表 5-12 罗列了纯农户对过量施肥/喷洒农药征税的意愿程度。选择"不愿意"的农户比例最高为 60.65%，表现出强烈不愿意的农户比例为 11.49%，两者合计比例超过 70%；同时有 11.47% 的农户觉得征不征税无所谓，而选择"愿意"和"非常愿意"的合计比例大约为 16%。从数据上看，这一模拟政策在纯农户中虽然不受欢迎，但是选择"愿意"和"非常愿意"的农户比例高于其他三类农户，可能的原因是这部分农户认为自家化肥农药并没有施用过量，从保护环境的角度，应当对其他化肥农药施用过量的农户进行惩罚。

表 5-12　　　　　　　　　对过量施肥/喷洒农药征税的接受意愿

问题	如果国家对过量施肥/喷洒农药征税，您是否愿意接受				
选项	非常愿意	愿意	无所谓	不愿意	非常不愿意
户数/户	1	9	7	37	7
所占比例/%	1.64	14.75	11.47	60.65	11.49

5.4.3　小结

本节内容分析了丘陵山区纯农户耕地利用过程中化肥农药减施的行为机理：丘陵山区纯农户没有自发减少耕地利用过程中化肥农药施用量的动力；以补贴的方式鼓励农户施用有机肥、生物农药替代传统化肥农药和完善有机、生态、绿色农产品市场，降低农户进入该类市场门槛将是有效的政策措施。

通过对调研数据的统计分析，发现：①在化肥农药的施用现状方面，存在相当比例（大约 30%）的丘陵山区纯农户仍在加大化肥农药的施用量；②在化肥农药对环境影响的认知方面，纯农户对农药施用的环境影响认知程度要高于对化肥施用的环境影响认知，但从实际化肥和农药购买决策上，农户受化肥和农药施用的环境因素影响很小，农作物产量等经济因素才是他们考虑的主要因素；③在模型政策的选择认知方面，纯农户更倾向于通过补贴方式施用有机化肥、生物农药替代传统化肥农药的政策，同时在有较大的有机农产品需求下，他们很愿意种植有机农产品，但现有有机农产品认证难，让部分农户对种植有机农作物不感兴趣。

5.5　研　究　结　论　与　政　策　启　示

5.5.1　研究结论

本章基于农户模型分别对丘陵山区纯农户自发型耕地利用生态转型、政府主导型耕地利用生态转型以及耕地利用过程中化肥农药减施的行为机理进行了分析。在此基础上，利用实地调研的农户数据对上述行为机理进行实证分析，主要得到以下结论：

（1）在自发型耕地利用生态转型过程中，地块的灌溉情况、地块到家的距离以及耕地质量是影响丘陵山区纯农户耕地撂荒的主要因素。

（2）在耕地休耕阶段，根据纯农户的耕地休耕补偿预期分析可知，国家给予的休耕补偿应大于等于非稳定型兼业户由休耕造成的产量（或收入）的减少值。尽管实地调研获取的 3 户农户亩均收益都超过 600 元，且对现行休耕补偿标准不满意，但由于数据量确实过少，这里保留对纯农户休耕补偿满意度的验证。

在耕地管护阶段，只要政府采取"积极"的策略，监督农户的管护行为并及时发放补助，纯农户就会选择"管护"策略。

（3）在耕地利用过程中，丘陵山区纯农户没有自发减少化肥农药施用量的动力；以补贴形式鼓励农户用施有机肥、生物农药替代传统化肥农药，以及完善有机、生态、绿色农产品市场，降低农户进入该类市场门槛是较为合适且农户易于接受的方式。

5.5.2　政策启示

（1）纯农户耕地撂荒机理不同于前面分析的老龄化农户撂荒机理，前者对价格因素敏感，其耕地撂荒与否也是基于耕地的产出效益决定的。在当前情况下，虽然存在纯农户耕地撂荒情况，一旦农产品价格上涨，他们很有可能重新耕种现在撂荒的耕地。因此，对于纯农户撂荒的耕地可以考虑纳入耕地管护管理体系。

（2）对于政府主导型的休耕工程，在休耕管护阶段，政府的主导行为显得至关重要，政府积极对农户耕地管护行为进行监督，并对积极管护耕地的农户及时发放管护补助，纯农户就会采取管护的策略；相反，如果政府不作为或者只监督农户管护行为而不及时发放补助都容易导致农户的不管护行为。

（3）在纯农户自发减少化肥农药施用动力不足的情况下，通过补贴形式鼓励农户购买有机肥、生物农药替代传统化肥农药，以及完善有机、生态、绿色农产品市场，降低农户进入该类市场门槛的方式将是促进纯农户减少传统化肥农药施用的有效方式。

第6章 稳定型兼业户耕地利用生态
转型行为机理分析

6.1 引 言

当农业社会向工业社会转型的时候，必然伴随着农村劳动力向城市转移，因此近年来，我国农户兼业成为一种越来越普遍的现象。这种现象产生的主要原因是我国工业化城市化进程加快，非农务工与农业生产的巨大比较收益导致农户尤其是青壮年农户外出务工。在这个过程中，有的农户能够谋得一份工期较长、收入稳定的工作，而有的农户受到区域劳动力市场、自身工作技能、天气等因素的影响，只能靠打零工的方式获得货币收入，这种务工方式极不稳定，碰到年景不好的情况可能没有务工收入。如前文所述，前者称为稳定型兼业户，后者为非稳定型兼业户，由于非农收入的稳定性差异，导致这两种类型的农户在偏好、农业生产、消费等方面都有本质的差别。本章分析稳定型兼业户耕地利用生态转型的行为机理。

6.2 稳定型兼业户自发型耕地利用生态
转型行为机理及实证分析

6.2.1 行为机理

稳定型兼业户模型中很重要的一个因素就是市场工资率，市场工资线与可能的最大效用曲线的切点决定了农户获取的最大效用，市场工资线与生产函数曲线的切点决定了农业产量/收入。其中，农业产量/收入离不开农业劳动的投入，要分析稳定型兼业户的撂荒行为发生机制，我们依然从他们的农业劳动投入时间着手。当必要农业劳动投入时间逐渐减少时，我们认为耕地会经历集约化利用到粗放化利用再到撂荒的过程。

具体的模型验证过程为：

$$\max U = u(c, l, \xi) \tag{6.1}$$

式（6.1）为农户的效用函数，c 代表所有的消费品，l 代表包含了生产 Z 商品的农户的闲暇时间，农户基于家庭特征 ξ 的考虑，会在消费和闲暇之间进行权衡以使效用达到最大。农户会根据其他生产要素情况 A，分配家庭劳动力 L 在 a 面积耕地上经营农业，即 $c = Y(L, a; A)$，假定该函数服从凹函数一阶导 $Y_1 > 0$ 和二阶导 $Y_{11} < 0$ 的性质。根据非农工资 w 分配劳动 L^0 来从事非农工作，T 为总的劳动力禀赋情况，在实际调研中绝大部分农户都没有雇用农业劳动力，这里不考虑农业劳动力雇用的情况。因此，农户的预算约束条件为：

$$c = Y(L, a; A) + wL^0 \tag{6.2}$$

$$T = l + L + L^0 \tag{6.3}$$

根据农户效用最大化时的选择为最优时间分配，我们构建以下拉格朗日函数：

$$y = u(c, l, \xi) + \lambda_1 [Y(L, a; A) + wL^0 - c] + \lambda_2 (T - l - L - L^0) \tag{6.4}$$

对 a，w，L^0 分别求一阶偏导并简化，由 $\partial w / \partial L < 0$，可得 $\partial a / \partial w < 0$，即务工工资率 w 增加会导致耕种面积 a 减少。

从图 6-1 可知，模型中原生产函数曲线的均衡点在 E 处，效用最大化均衡点在 B 处，实际工资线为 w，对应的农业劳动时间为 L'_T 外出务工的劳动时间为 L^0。当农户的外出务工实际工资增大时，实际工资线变陡，也即当实际工资线变为 w' 时，它与生产函数曲线和可能的最大效用曲线切点就会发生变化，生产函数曲线的均衡点由 E 点变为 E' 点，效用最大化均衡点由 B 点变为 B' 点，对应的农业劳动时间变为 L'_T，$L'_T < L_T$，相应的外出务工劳动时间变为 $L^{0'}$。随着必要农业劳动投入时间的减少，耕地利用就会经历从集约化到粗放化再到撂荒的过程，在这一过程中，农户应该是优先粗放利用或者撂荒离家远、灌溉条件不利、土地质量差的劣质耕地，因为这对稳定型兼业户来说是比较节省农业劳动时间的。对应到稳定型兼业户群体来说，实际工资越高，

它与农产品价格的比值就越大，其实际工资率越大，实际工资线就越陡，意味着农户花费在农业劳动上的时间就越少，也意味着农户发生撂荒的概率越大。按照目前我国城乡收入比，一般来说，稳定型兼业户的工资与农产品价格比值会很大，但在实际调研中，稳定型兼业户中存在不少这样的情况：夫妻两人中有一人（通常是男性）常年在外务工（有稳定的非农收入），另一人则在家照顾小孩起居饮食，额外时间用来务农。但这并不影响用该模型来解释稳定型兼业户的耕地撂荒发生机制。

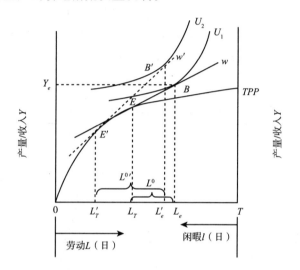

图6-1 稳定型兼业户耕地撂荒发生机理分析模型

通过上述对稳定型兼业户撂荒机理的分析，提出如下假说：随着务工工资率的增加，撂荒发生的概率就会增加，其撂荒的过程是优先撂荒质量差、灌溉条件劣、离家远的耕地。

6.2.2 实证分析

根据稳定型兼业户撂荒机理的分析，务工工资率的升高会导致耕地撂荒概率的增加，农户的务工工资率可以从务工劳动人数和务工年收入两个方面考虑，因此，在实证分析中重点考察务工劳动人数、务工收入对耕地撂荒的影响。

实际调研的221户稳定型兼业户，耕地块总数为3285块，其中撂荒地块239块，占比7.28%。

（1）实证模型的构建。本部分运用的方法是二元 Logistic 回归，模型与老龄化农户摞荒的实证模型一致，此处不再赘述。

（2）变量的选取及描述性统计分析（见表6－1）。根据稳定型兼业户摞荒机理的分析，除了务工收入和务工劳动人数两个变量外，还选取了家庭常住人口、户主年龄、户主性别、户主受教育程度、务农劳动力人数、耕地总面积、地块总数、耕地是否机械化、耕地类型、耕地质量、耕地所处地貌特征、灌溉情况、地块到最近公路的距离以及地块到家的距离等14个变量被选取作为模型的控制变量。其中，户主受教育程度、耕地质量、地块到最近公路的距离和地块到家的距离是有序分类变量，户主性别、耕地类型和灌溉情况为二分变量，耕地所处地貌特征为无序分类变量—分别为平地、洼地和坡地，模型中以平地为他们的参照对象。

表6－1　　　　　　　　变量的选取及描述性统计分析

变量	单位	平均值	标准差
家庭常住人口	人	5.17	2.32
户主年龄	岁	51.93	11.58
户主性别	0～1	0.86	0.35
户主受教育程度	1～5	2.39	0.77
务农劳动人数	人	1.86	1.47
务工劳动人数	人	2.03	1.13
承包耕地总面积	亩	4.79	3.66
地块数	块	8.11	6.19
耕作是否机械化	0～1	0.47	0.50
农产品是否出售	0～1	0.03	0.18
务工收入	元	64088	50314
耕地类型（水田/旱地）	0～1	0.44	0.49
耕地质量	1～3	1.95	0.62
耕地所处地貌特征	1～3	2.51	0.85
灌溉情况	0～1	0.65	0.48
到最近公路距离	1～3	1.92	0.81
到家距离	1～3	2.13	0.79

为了避免自变量之间的多重共线性，进行方差膨胀因子（VIF）检验，检验结果显示方差膨胀因子值均小于 10，证明所选自变量不存在多重共线性，可以放入 Logistic 回归模型中。

通过表 6-1 的描述性统计分析，稳定型兼业户的平均年龄为 51.93 岁，户主中 86% 都为男性，平均务农劳动力人数为 1.86 人，平均务工劳动力人数为 2.03 人，平均耕地面积为 4.79 亩，地块平均为 8.11 块，有 47% 的农户在耕作中进行了机械化作业，注意这里的机械化耕种并不表示农业生产的全机械化，只是农业生产的某一两个过程用了小型机械，大部分生产过程主要还是靠人力。农户农产品的出售率仅为 3%，绝大部分老龄化农业生产是为留作自家消费。农户的平均务工收入为 64088 元，其标准差高达 50314 元，说明稳定型兼业户之间的务工收入差距较大。

（3）实证结果及分析。从模型的回归结果（见表 6-2）看，稳定型兼业户耕地撂荒的 Logistic 回归模型有较好的拟合度，HL 指标值为 6.273，p 值为 0.617，统计检验不显著，即模型很好地拟合了数据。在回归结果中，务工劳动人数对耕地撂荒具有显著的正向影响，参数估计值为 0.383，表示务工劳动力人数每增加一人，耕地撂荒的概率增加 38.3%，务工劳动力越多，意味着农户家庭非农收入越有保障，同时可提供的农业劳动时间则越少，所以务工劳动力人数越多，耕地越容易被撂荒。而变量务工收入对农户是否撂荒耕地的影响并不显著，出现这一现象可能的原因是务工收入与务农收入的悬殊，导致工资线 w 的斜率较陡，因此务工工资率的变化对稳定型兼业户实际提供的农业劳动时间影响不大。

表 6-2　　　　稳定型兼业户耕地撂荒的 Logistic 回归模型

变量	参数估计（β）	标准误差（SE）	Waldχ²统计量	Pr>χ²	EXP(β)
家庭常住人口	-0.216	0.101	4.605	0.032*	0.806
户主年龄	-0.005	0.016	0.083	0.773	0.995
户主性别	1.120	0.463	5.842	0.016*	3.064
户主教育程度	-0.291	0.264	1.222	0.269	0.747
务农劳动人数	0.104	0.106	0.962	0.327	1.110
务工劳动人数	0.383	0.135	8.037	0.005**	1.467
耕地总面积	0.087	0.066	1.702	0.192	1.091
地块总数	0.023	0.028	0.656	0.418	1.023

续表

变量	参数估计（β）	标准误差（SE）	Waldχ² 统计量	Pr > χ²	EXP(β)
耕地机械化	-0.628	0.363	2.990	0.084	0.533
非农收入	0.001	0.000	0.365	0.546	1.000
耕地类型	0.119	0.284	0.177	0.674	1.127
耕地质量	-1.286	0.247	27.151	0.000***	0.276
地貌特征			3.419	0.181	
地貌特征（洼地）	0.215	0.329	0.429	0.513	1.240
地貌特征（坡地）	1.945	1.075	3.271	0.070	6.991
灌溉情况	-1.498	0.311	23.236	0.000***	0.224
到最近公路的距离	0.462	0.184	6.276	0.012*	1.587
到家的距离	1.151	0.198	33.803	0.000***	3.161
常量	-0.416	1.482	0.079	0.779	0.659

HL = 6.273，p = 0.617

注：$*p < 0.05$，$**p < 0.01$，$***p < 0.001$。

此外，从农户层面，家庭常住人口和户主性别对稳定型兼业户耕地撂荒的发生有较显著的影响。其中，家庭常住人口对稳定型兼业户耕地撂荒呈负向影响，这说明农户家中需要供养的人口越多，农户越不会撂荒耕地，因为需要供养的人口越多，需要提供粮食的耕地就越多，这时，农户会尽量多种植耕地。户主性别对稳定型兼业户耕地撂荒呈正向影响，也即户主为男性农户家庭比户主是女性的农户家庭更容易撂荒耕地。

在地块层面，地块到家的距离、耕地质量、地块的灌溉情况以及到最近公路的距离对稳定型兼业户耕地撂荒有较显著的影响。其中，地块到家的距离对稳定型兼业户耕地撂荒呈显著的正向影响；耕地质量对稳定型兼业户耕地撂荒呈显著的负向影响，也即耕地质量越差越容易被撂荒；地块的灌溉情况对稳定型兼业户耕地撂荒呈显著的负向影响；到最近公路的距离对稳定型兼业户耕地撂荒呈正向影响，即距离公路越远的地块越容易被撂荒。

根据 Logistic 回归的结果，务工劳动力人数对稳定型兼业户撂荒行为有影响，务工劳动力人数每增加一人，耕地撂荒的概率增加 38.3%，而非农收入对耕地撂荒的影响不显著。

6.2.3　小结

本节内容分析了丘陵山区稳定型兼业户耕地撂荒的机理，提出如下假说：对丘陵山区稳定型兼业户来说，随着务工工资率的升高，耕地撂荒的概率会随之增加，其撂荒的过程是优先撂荒耕地质量差、灌溉条件劣、距离家远的耕地。

根据实证研究的结果，务工劳动力人数对稳定型兼业户耕地撂荒具有显著的正向影响，务工劳动力人数每增加一人，耕地撂荒的概率增加 38.3%，而非农收入对耕地撂荒的影响不显著，可能的解释是稳定型兼业户务工收入与务农收入的悬殊，导致工资线 w 的斜率较陡，因此务工工资率的变化对稳定型兼业户实际提供的农业劳动时间影响不大。

6.3　稳定型兼业户政府主导型耕地利用生态转型行为机理及实证分析

6.3.1　行为机理

（1）休耕补偿预期分析。稳定型兼业户模型与老龄化农户模型的主要区别在于稳定型兼业户的时间除了分配在农业劳动和闲暇上，还存在外出务工的劳动时间，且模型均衡的条件是农业劳动的边际产量（或收入）等于外出务工的工资率，同时闲暇与收入的边际替代率也要等于外出务工的工资率。如图 6-2 所示，设稳定型农户模型中原生产函数曲线的均衡点在 E 处，效用最大化均衡点在 B 处，对应的劳动投入为 L_e，均衡产量为 Y_e，此时的劳动边际产量等于务工工资率，也等于闲暇与产量（或收入）的边际替代率，即 $\partial u / \partial L_e = \partial Y / \partial L_e = w$。休耕意味着必要农业劳动投入会减少，假设农业投入减少到 L_x，对应减少的农业产量（或收入）为 ΔC_2。短期内不考虑农户能将休耕导致的农业劳动时间减少量用于外出务工，也就是说，休耕会导致稳定型兼业户的闲暇时间增多，在保持效用不变的情况下，当闲暇时间由 $L - L_w$ 增加到 $L - L_w + \Delta L$ 时，对应的收入减少 ΔC_1，可以证明 $\Delta C_1 < \Delta C_2$，证明过程如下：

构建拉格朗日函数：

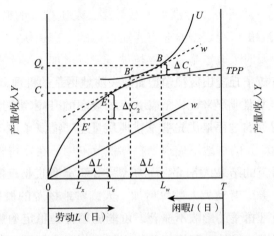

图 6 - 2　稳定型兼业户休耕参与机理分析模型

$$y = u(c, l, \xi) + \lambda_1(Y(L; A) - c) + \lambda_2(T - l - L - L^0) \quad (6.5)$$

同时满足条件：

$$u(h_B, c_B, \xi) = u(h_{B'}, C_{B'}, \xi) \quad (6.6)$$

分别对 L 求一阶偏导，并简化，可得：

$$\left(\frac{\partial u}{\partial Y} - \frac{\partial u}{\partial L_e} \middle/ \frac{\partial Y}{\partial L_e} \right) Y(L_e; A) = \left(\frac{\partial u}{\partial Y} - \frac{\partial u}{\partial L_x} \middle/ \frac{\partial Y}{\partial L_x} \right) Y(L_x; A)$$

由 $Y(L_x; A) < Y(L_e; A)$ 可得：

$$\frac{\partial u}{\partial L_e} \middle/ \frac{\partial Y}{\partial L_e} > \frac{\partial u}{\partial L_x} \middle/ \frac{\partial Y}{\partial L_x}$$

由 E 点为均衡点，故

$$\partial u / \partial L_e = \partial Y / \partial L_e = w$$

所以

$$(\partial u / \partial L_x) / (\partial Y / \partial L_x) < 1$$

所以

$$(\partial u / \partial L_x) \Delta L < (\partial Y / \partial L_x) \Delta L, \ 即 \ \Delta C_1 < \Delta C_2$$

　　由以上证明过程可知，在保持效用不变的前提下稳定型兼业户对休耕补偿的期望值恒小于由休耕造成的产量（或收入）的减少值。

　　根据上述对稳定型兼业户休耕补偿预期分析，这里提出丘陵山区稳定型兼业户休耕补偿预期假说：丘陵山区稳定型兼业户对休耕补偿的预期值要低于因休耕造成的机会成本损失值。

（2）休耕管护的博弈分析。表6-3显示了政府和农户的博弈收益矩阵，其中，M代表政府补助力度，A代表农户管护耕地时的经济收入，B代表户均农地面积，C代表农户管护农地成本，D代表农户管护耕地的生态效益，E代表农户不管护耕地的生态损失，F代表政府惩罚不管护农地的农户，G代表农户不管护耕地时的经济收入，J为政府的监督成本。

表6-3 政府和农户的博弈收益矩阵

参与主体及策略		农户	
		管护	不管护
政府	积极	$(-MB + D - J,\ BM - BC + A)$	$(-MB - E - J,\ G - BF)$
	不积极	$(D,\ -BC + A)$	$(-E,\ G)$

此时，政府与稳定型兼业户各自的支付函数如下：

①当政府采取积极策略，农户也采用管护耕地策略时，政府的支付成本为监督成本（J）和执行成本（MB）；政府积极策略的收益为耕地管护所收获的生态效益（D）。稳定型兼业户进行耕地管护的支付为管护耕地必要支出（MC），农户的收益为政府发放的管护补助（MB），以及管护耕地以外获得的其他经济收入（A）。

②当政府采取积极策略，农户采取不管护耕地策略时，政府的支付成本为监督成本（J）、执行成本（MB）以及耕地未受到管护所带来的生态损失（E），此时政府收益为零。对应地，稳定型兼业户采取不管护策略时支付成本为政府给予不管护的惩罚（BF），收益为政府发放的管护补助（MB），以及不管护耕地获得的经济收入（G）。

③当政府采取不积极策略，农户采取管护耕地策略时，政府的支付成为零，收益为耕地管护所带来的生态收益（D）。稳定型兼业户进行耕地管护的支付为管护耕地必要支出（MC），农户的收益为管护耕地时获得的其他经济收入（A）。

④当政府采取不积极策略，农户采取不管护耕地策略时，政府的支付成本为耕地不管护所带来的生态损失（E），收益为零。稳定型兼业户此时的支付成本为零，收益为不管护耕地时获得的其他经济收入（G）。

从上述支付函数可知，当政府采取不积极策略时，农户采取不管护策略所获得的净收益（G）恒大于采取管护策略所获得的净收益（$A - BC$），此时农户会采取不管护策略。当政府采取积极策略时，要想稳定型兼业户采取管护策略，就需要农户采取管护策略时的净收益（$BM - BC + A$）大于农户采取不管护策略时的净收益（$G - BF$）。

6.3.2 实证分析

（1）休耕补偿满意度分析。将农户的亩均净收益与农户对休耕补偿满意度分布制作成图6-3，横坐标表示农户的亩均收益，纵坐标表示农户对现行休耕补偿标准的满意度，纵坐标上的1表示农户对补偿标准满意，-1表示农户对补偿标准不满意，图中竖直线为休耕补偿标准，为600元。

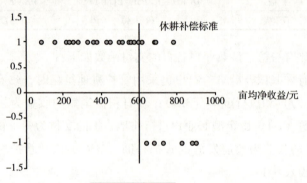

图6-3　稳定型兼业户对现行休耕补偿标准的满意度分布

为了便于统计分析稳定型兼业户的休耕意愿组成，制作表6-4以明晰不同亩均收益下稳定型兼业户的休耕补偿满意度情况。

表6-4　　　　　　　　　稳定型兼业户的休耕补偿标准满意度

收益	满意度	区间占比/%	占比/%
亩均收益小于600元	满意	100.00	85.71
	不满意	0.00	0.00
区间合计		100	85.71
亩均收益大于等于600元	满意	40.00	5.71
	不满意	60.00	8.57
区间合计		100.00	14.29
合计			100.00

　　根据图6-3，稳定型兼业户的亩均净收益在600元以内，并且对现行休耕补偿标准满意的主要分布在Y轴的上半部分以及竖直线（休耕补偿标准）的左侧，从灰色圆点的分布来看，在这部分的点数最多；而亩均净收益在600元以内，且对现行休耕补偿标准不满意的主要分布在Y轴的下半部分以及竖直线的左侧，从灰色圆点的分布来看，在这部分的点为零。稳定型兼业户的亩均净收益在600元及600元以上，并且对休耕补偿标准满意的主要分布在Y轴的上半部分以及竖直线的右侧，从灰色圆点的分布来看，在这一区域的点数最少；亩均净收益在600元及600元以上，并且对休耕补偿标准不满意的主要分布在Y轴的下半部分以及竖直线的右侧，从灰色圆点的分布来看，在这区域内的点数较少。

　　为了更具体地体现稳定型兼业户休耕标准满意度之间的差异，继续用表6-4加以说明。首先，有85.71%的农户亩均收益小于600元，其中对休耕补偿标准满意的农户占90%以上，说明这部分农户对自己的农业生产收益有较清楚的认识，国家给予600元的休耕补偿标准超过了他们的亩均收益，同时参与休耕让他们有了更多的闲暇时间。因此，对这部分稳定型兼业户来说，参与耕地休耕可以增加其效用水平。并且，这部分农户占到了总的稳定型兼业户的85%以上。其次，有14.29%的农户亩均收益在600元或600元以上，其中愿意参与休耕的农户占40%。根据稳定型兼业户休耕补偿预期的分析可知，在保持效用不变的前提下稳定型兼业户对休耕补偿的期望值恒小于由休耕造成的产量（或收入）的减少值。这就是在亩均收益大于或等于600元的稳定型兼业户中，仍有40%的农户对休耕补偿标准满意的原因。从图6-3可知，亩均收益在600~800元以内且对休耕补偿标准满意的农户不多，而亩均收益大于800元且对补偿标准满意的农户则没有。亩均收益在600元或600元以上的农户中对补偿标准不满意的农户占60%，说明这部分稳定型兼业户在其效用感知中，超过补偿标准的农业收益带来的效用大于因休耕所获得的家务时间带来的效用，因此，他们对现行休耕补偿标准不满意。

　　从数据统计分析结果来看，稳定型兼业户对现行休耕补偿标准满意度基本与本节行为机理分析相符。同时，所有休耕调研区中有超过90%的稳定型兼业户对现行休耕补偿标准满意，说明该休耕补偿标准还是符合绝大多数稳定型兼业户的预期。从国家通过给予补偿的方式来鼓励农户参与休耕的角度来说，其目的基本达到。

　　（2）休耕管护行为机理的实证分析。根据对贵州省铜仁市万山特区休耕区调研农户的耕地基本情况及收入情况的统计，调研区稳定型兼业户户均管护耕地时的经济收入（A）为4.5万元，户均耕地面积4.79亩，户均不管护耕地时的经济收入为5万元，当地政府给予农户休耕管护的补助标准为400元，2017年农户管护耕地的亩均成本为200元。管护耕地带来的生态效益为10万元，不管护耕地带来的生态损失为20万元，设政府给予稳定型兼业户不管户耕地行为的处罚为F。

通过稳定型兼业户与政府的耕地管护博弈分析可知，当政府采取不积极策略，而农户采取不管护策略所获得的净收益（G）大于采取管护策略所获得的净收益（A－BC）时，农户会采取不管护策略。当政府采取积极策略时，要想老龄化农户采取管护策略，就需要农户采取管护策略时的净收益（BM－BC＋A）大于农户采取不管护策略时的净收益（BM＋G－MF）。将稳定型兼业户的上述参数带入计算，可得：MF＞0.60，即给予稳定型兼业户6000元的惩罚时，也就是每亩1200元的惩罚时，稳定型兼业户就会采取管护耕地的策略。

6.3.3 小结

在耕地休耕阶段，通过稳定型兼业户的休耕补偿预期分析可知，在保持效用不变的前提下稳定型兼业户对休耕补偿的期望值小于由休耕造成的产量（或收入）的减少值。在对应的实证分析中，根据现行的休耕补偿标准，亩均收益超过补偿标准的农户中有40%农户对现行休耕补偿标准满意，这部分农户的亩均收益集中在600~800元，而超过800元的稳定型兼业户则对现行休耕补偿标准不满意。此外，在所有的稳定型兼业户中有超过90%的农户对现行休耕补偿标准满意，说明该休耕补偿标准是符合绝大多数稳定型兼业户的心理预期。从国家通过给予补偿的方式鼓励农户参与休耕的角度来说，其目的基本达到。

在耕地管护阶段，通过稳定型兼业户与政府的休耕管护博弈矩阵可知，当政府选择不积极策略时，农户会选择不管护的策略；当政府选择积极策略时，需要设置农户不管护耕地的惩罚规则来规制农户的管护行为，通过实地调研数据均值的代入计算，得到对稳定型兼业户不管护耕地惩罚值为每亩1200元时，能够使稳定型兼业户选择管护策略。

6.4 稳定型兼业户耕地利用过程中化肥农药减施行为机理分析

6.4.1 行为机理

从图6-4可知，曲线 TPP_1 为稳定型兼业户传统的农业生产函数曲线，对应的无差异曲线为 U；曲线 TPP_2 为稳定型兼业户减少化肥农药施用时的生产函数曲线，正常情况下，化肥农药的减施会造成产量的减少，所以曲线 TPP_2 在曲线 TPP_1 下方。由稳定型兼业户模型可知，稳定型兼业户按传统的农业生产方式进行农业生产时，效用最大化函数为：

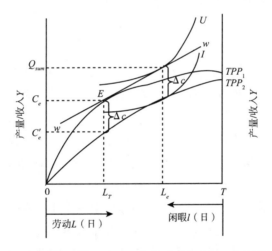

图6-4 稳定型兼业户化肥农药减施行为机理分析模型

$$\max U = u(c, l, \xi) \tag{6.7}$$

其中，c 代表所有的消费品，l 代表包含了生产 Z 商品的农户的闲暇时间，农户基于家庭特征 ξ 的考虑，会在消费和闲暇之间进行权衡以使效用达到最大。在农业生产中 $f1$ 为传统的农药化肥施用方案，农户会根据其他生产要素情况 A'，配置农业劳动时间 L 来经营农业，也即 $Y = Y(L, f1; A')$，假定该函数服从凹函数一阶导 $Y_1 > 0$ 和二阶导 $Y_{11} < 0$ 的性质。对应的约束条件如下：

$$c = Y(L, f1; A') + wL^0 \qquad (6.8)$$

$$T = l + L + L^0 \qquad (6.9)$$

如图 6-4 所示，均衡点在 E 处，对应的劳动力投入为 L_T，农业产量为 C_e，闲暇时间为 $T - L_e$，此时的效用水平为 $U_e = u(C_e, T - L_e, \xi)$。

当稳定型兼业户对化肥农药进行减施时，意味着生产函数发生改变，此时的生产函数可以表达为：

$$c' = Z(L, f2; A') + wL^0 \qquad (6.10)$$

其中，L 代表农户农业劳动投入时间，c' 代表农户化肥农药减施后的消费品，$f2$ 为农户化肥农药减施后化肥农药施用方案，A' 为其他生产要素投入情况。

当稳定型兼业户减少化肥农药使用，即按图 6-4 中的生产曲线 TPP_2 进行生产，如果保持闲暇时间不变，此时还投入与原生产函数一样的劳动 L_e 时，对应的产量为 C'_e，则有 $C'_e < C_e$，在这一点就会存在一条无差异曲线 I 与曲线 TPP_2 相切，设此时效用曲线满足函数 $I = i(c', L, \xi)$，也即在这一点处，农户效用为 $I_e = i(C'_e, T - L_e, \xi)$。

（1）如果稳定型兼业户认为化肥农药减量前后的农产品质量无差异，也即化肥农药减量前后的农产品与闲暇时间的效用关系不变，由 $C'_e < C_e$，可得 $I_e < U_e$。

也就是说，如果农户认为化肥农药减施后生产的农产品无差异，且化肥农药减施后农业产量会下降，此时稳定型兼业户不会选择 TPP_2 的生产方式，也即化肥农药减量的生产方式。

（2）如果稳定型兼业户对耕地利用过程中减少化肥农药生产出的农产品有一定的认知度，知道这样的农产品有益身体健康且能够保护环境，也就是说化肥农药减量前后的农产品质量有差异，且化肥农药减量后的农产品质量优于化肥农药减量前，此时对稳定型兼业户来说化肥农药减量后农产品与闲暇时间之间的效用关系发生改变，设化肥农药减量前后单位农产品的效用关系满足 $c' = ac$，$a \geq 1$。这时，化肥农药减量后在 L_e 点处的效用可以表达为 $I_e = u(aC'_e, T - L_e, \xi)$，此时，在保持相同的闲暇时间 $T - L_e$ 时，U_e 和 I_e 之间的关系取决于 C_e 和 aC'_e 之间的关系，由 $C'_e < C_e$ 可知，a 越大，即农户对化肥农药减量后的农产品效用感知越高，I_e 就越接近 U_e。

（3）除了改变农户对环境友好型农产品的效用感知，事实上通过给予农户因化肥农药减量导致的农产品补偿也能弥补稳定型兼业户的效用损失，也即补偿因耕地利用方式改变导致产量下降的 Δy，让农户感觉到耕地利用方式变化前后的效用没有改变。如对老龄化农户的分析一样，通过间接的补偿方式，即给予农户购买有机肥、生物农药替代传统化肥农药的补贴，以有效降低农户采用环境友好型耕地利用方式的成本，增加农户参与积极性。

因此，在激励丘陵山区稳定型兼业户耕地利用过程中化肥农药的减施措施主要有：一是提高农户对化肥农药减施后农产品的认知；二是以给予补贴的方式鼓励农户购买有机肥、生物农药以替代传统化肥农药。

6.4.2　对化肥农药的认知分析

（1）化肥农药施用现状。表6-5罗列了稳定型兼业户近5年化肥施用量的变化趋势，其中有61%的农户基本没有改变化肥施用量，有31%的农户表示微微增加了化肥用量，有5%的农户大量增加了化肥施用量。从数据上看，大约30%农户的化肥施用量有微微增加，另外还有5户大量增加了化肥施用量，两者合计有超过1/3的农户近年来化肥施用量增加，即3户稳定型兼业户中就有1户增加了化肥施用量，这说明稳定型兼业户中还是有相当比例的农户在加大化肥施用。

表6-5　　　　　　　　　　　　　　　化肥施用现状

问题	您家近五年的化肥施用量（每亩）有变化吗				
选项	大量增加	微增	基本没变	微减	大量减少
户数/户	5	31	61	3	0
所占比例/%	5.00	31.00	61.00	3.00	0.00

表6-6罗列了稳定型兼业户在农业生产中使用农药及农药施用量变化情况。首先，在100户农户中，有5户农户不使用农药，仅占总稳定型兼业户户数的5%；其次，有58%的农户表示自家农药施用量与去年相比没有变化，有39%的农户表示自家农药施用量与去年相比增加了，有3%的农户农药施用量与去年相比减少了。农药施用和化肥施用现状类似，大约有2/5的稳定型兼业户农药施用量在增加。

表 6 - 6   农药施用现状

问题	是否使用农药		您家今年与去年相比农业生产中农药施用量变化情况（每亩）		
选项	是	否	用量增加	用量不变	用量减少
户数/户	95	5	39	58	3
所占比例/%	95.00	5.00	39.00	58.00	3.00

由表 6 - 5 和表 6 - 6 可知，无论化肥还是农药，仍存在相当比例的稳定型兼业户在耕地利用过程中扩大它们的用量，而仅有极少比例的农户减少化肥农药用量。

（2）对化肥农药施用的环境影响认知。在表 6 - 7 中，从问题"您知道长期施用化肥会造成土壤污染、板结和盐碱化吗"的回答选项可以得知，稳定型兼业户中，选择"非常清楚，会造成较为严重的后果"这一选项的农户比例仅为 7%，选择"了解一点，但不影响化肥施用量"这一选项的农户比例高达 74%，而选择"不了解"选项的农户为 19%。也就是说，有超过90% 的稳定型兼业户对长期施用化肥会导致土壤污染、板结以及盐碱化这一现象没有深刻的认识，尽管对化肥的危害有一点认知的稳定型兼业户超七成，但这并不影响他们化肥施用量。

表 6 - 7   对化肥施用的环境影响认知

问题	您知道长期施用化肥会造成土壤污染、板结、盐碱化吗		
选项	非常清楚，会造成较为严重的后果	了解一点，但不影响化肥用量	不清楚
户数/户	7	74	19
所占比例/%	7.00	74.00	19.00

如表 6 - 8 所示，在回答"在购买化肥时，您考虑的首要因素是什么"的问题时，有 79% 的农户选择"期望的作物产量"，也就是说有大约 80% 的稳定型兼业户是从产量角度选购化肥；有 10% 的农户选择"化肥/农产品价格"作为使用化肥时考虑的首要因素；有 9 户选择"环境因素（如化肥对土壤的污染）"这一选项，占稳定型兼业户总数的 9%。

表 6 - 8 购买化肥考虑的因素

问题	在购买化肥时,您考虑的首要因素是什么			
选项	家庭收入	期望的作物产量	化肥/农产品价格	环境因素(如化肥对土壤造成污染)
户数/户	2	79	10	9
所占比例/%	2.00	79.00	10.00	9.00

由表 6 - 7 和表 6 - 8 可知,稳定型兼业户关于化肥施用的环境影响认知整体上还不深刻,仅有 7% 的农户知道长期施用化肥,会造成土壤污染、板结、盐碱化;在实际决定化肥施用量时,有 9% 的农户首要考虑的是化肥对环境造成的危害。这两个数据较为接近,可以间接认为稳定型兼业户对化肥的环境认知会影响他们的实际化肥施用。

在表 6 - 9 中,从问题"您认为施用农药对土壤是否会产生不良影响"的回答选项可以得知,有 35% 的农户认为农药的施用对土壤产生较大不良影响,仅有 6% 的农户认为有严重的不良影响,两者合计约有 41% 的农户认为农药的施用会对土壤环境产生较大甚至严重的影响,这一比例高于农户对化肥施用的环境影响认知。

表 6 - 9 对农药施用的环境影响认知

问题	您认为施用农药对土壤是否会产生不良影响				
选项	无影响	影响很小	影响一般	影响较大	影响严重
户数/户	10	19	29	35	6
所占比例/%	10.00	19.00	29.00	35.00	6.00

在表 6 - 10 中,从问题"您认为施用农药对农作物食品安全是否会产生不良影响"的回答选项可以得知,有 42% 的农户认为农药的施用对农作物产生较大的不良影响,仅有 6% 的农户认为有严重的不良影响。也就是说,有接近 50% 的稳定型兼业户认为农药施用会对农作物带来不良影响。

表 6 - 10 农药对农作物危害的影响

问题	您认为施用农药对农作物食品安全是否会产生不良影响				
选项	无影响	影响很小	影响一般	影响较大	影响严重
户数/户	12	16	24	42	6
所占比例/%	12.00	16.00	24.00	42.00	6.00

在表6-11中，从问题"您选择农药的首要依据是什么"的回答选项可以得知，选择"农药价格"选项的稳定型兼业户比例为31%，选择"治疗病虫害的效果"这一选项的比例为35%，而选择"保护环境"的农户比例为34%。

表6-11 选购农药的依据

问题	您选择农药的首要依据是什么			
选项	农药价格	保护环境	治疗病虫害的效果	品牌
户数/户	31	34	35	0
所占比例/%	31.00	34.00	35.00	0.00

由表6-9、表6-10和表6-11可知，相对于化肥对环境影响认知，稳定型兼业户关于农药施用对土壤环境和农作物的影响认知程度相对较高，这一比例超过40%；在实际选购农药时，也有34%的农户将"保护环境"作为首选依据。这与稳定型兼业户化肥购买的决策类似，说明在农药施用上，农户会根据对农药的环境认知或者对农作物食品安全的认知进行决策。

（3）模拟政策的选择认知。表6-12罗列了稳定型兼业户对以补贴的方式鼓励施用有机肥、喷洒生物农药替代普通农药的接受程度。有68%的农户选择愿意，19%的农户表现出强烈的意愿，两者合计比例接近90%。这说明，绝大部分稳定型兼业户对这一模拟政策有相当的认可度。

表6-12 对补贴方式购买有机肥/生物农药替代普通化肥农药的接受意愿

问题	如果国家通过补贴的方式鼓励农民施用有机肥、喷洒生物农药替代普通化肥农药，您愿意接受吗				
选项	非常愿意	愿意	无所谓	不愿意	非常不愿意
户数/户	19	68	7	5	1
所占比例/%	19.00	68.00	7.00	5.00	1.00

表6-13罗列了稳定型兼业户对种植有机农产品的意愿程度。其中，有54%的农户选择"无所谓"，有34%的农户选择"不愿意"，有12%的农户选择"愿意"。从数据上看，大部分稳定型兼业户对种植有机农产品获取更高的经济收益没有兴趣，原因是稳定型兼业户种植的农产品主要留作口粮。

表6-13　　　　　　　　　　　对种植有机农作物的参与意愿

问题	如果市场上的有机农产品价格上涨，而且销售情况很好，您会愿意种植有机作物吗		
选项	愿意	无所谓	不愿意
户数/户	12	54	34
所占比例/%	12.00	54.00	34.00

表6-14罗列了稳定型兼业户对过量施肥/喷洒农药征税的接受意愿。选择"不愿意"的农户比例最高，为61%，表现出强烈不愿意的农户比例为11%，两者合计比例超过70%；同时有21%的农户觉得征不征税无所谓，而选择"愿意"比例仅为7%，没有农户选择"非常愿意"。从数据上看，这一模拟政策在稳定型兼业户中不受欢迎。

表6-14　　　　　　　　　对过量施肥/喷洒农药征税的接受意愿

问题	如果国家对过量施肥/喷洒农药征税，您是否愿意接受				
选项	非常愿意	愿意	无所谓	不愿意	非常不愿意
户数/户	0	7	21	61	11
所占比例/%	0.00	7.00	21.00	61.00	11.00

由表6-12、表6-13和表6-14可知，稳定型兼业户对以补贴方式购买有机肥/生物农药替代普通化肥农药的模拟政策接受意愿程度高，对过量施肥/喷洒农药征税的模拟政策接受意愿程度很低，同时对种植有机农产品不感兴趣。

6.4.3　小结

本节内容分析了丘陵山区稳定型兼业户耕地利用过程中化肥农药减施的行为机理。分析的结果显示，丘陵山区稳定型兼业户没有自发减少耕地利用过程中化肥农药施用量的动力；提高农户对化肥农药的环境认知和以补贴的方式鼓励农户施用有机化肥、生物农药替代传统化肥农药能够促进稳定型兼业户减少耕地过程中的化肥农药施用量。

通过对调研数据的统计分析：①在化肥农药的施用现状方面，存在相当比例（超过30%）的丘陵山区稳定型兼业户仍在加大化肥农药的施用量；②在化肥农药对环境影响的认知方面，稳定型兼业户对农药施用的环境影响认知程度要高于对化肥施用的环境影响认知，并且在实际化肥和农药购买决策上，农户的环境认知和决策行为较为一致，也就是说提高稳定型兼业户关于农药化肥对环境和农作物食品安全的认知，可以影响他们实际购买施用化肥农药的决策；③在模型政策的选择认知方面，稳定型兼业户更倾向于通过补贴方式施用有机肥、生物农药替代传统化肥农药的政策措施。

6.5　研究结论与政策启示

6.5.1　研究结论

本章基于农户模型分别对丘陵山区稳定型兼业户自发型耕地利用生态转型、政府主导型耕地利用生态转型以及耕地利用过程中化肥农药减施的行为机理进行分析，并在此基础上利用实地调研的农户数据对上述行为机理进行实证分析，主要得到以下结论：

（1）在自发型耕地利用生态转型——撂荒过程中，随着务工劳动力人数的增加，稳定型兼业户耕地撂荒的概率会随之增加，其撂荒的过程是优先撂荒耕地质量差、灌溉条件劣、距离家远的耕地。从 Logistic 回归分析的具体结果看，务工劳动力人数每增加一人，耕地撂荒的概率增加38.3%。

（2）在耕地休耕阶段，所有稳定型兼业户中有超过90%（其中40%的农户亩均收益超过补偿标准）的农户对现行休耕补偿标准满意，说明该休耕补偿标准能够达到大多数稳定型兼业户的心理预期。

在耕地管护阶段，通过博弈分析得到稳定型兼业户的不管护耕地惩罚金大于每亩1200元时，能够使稳定型兼业户选择管护策略。

（3）在耕地利用过程中，丘陵山区稳定型兼业户没有自发减少化肥农药施用量的动力；在适宜的政策方面，可以从提高农户对化肥农药的环境认知和以补贴的方式鼓励农户用有机化肥、生物农药替代传统化肥农药两方面着手。

6.5.2　政策启示

（1）丘陵山区稳定型兼业户耕地撂荒是农户的自发选择，选择的结果是劣质耕地的撂荒，并且务工劳动力人数越多，发生撂荒的概率越大。因此，可以适当推进丘陵山区稳定型兼业户劣质耕地的生态退耕，对于已经发生的劣质耕地撂荒要及时采取措施，恢复植被覆盖以增加土壤入渗率，减少地表径流，以达到有效减轻土壤侵蚀和水土流失的效果。

（2）合理规划休耕范围。一方面能够让真正需要休耕的耕地得到休养；另一方面也能减少农户不必要的损失。从稳定型兼业户的休耕补偿预期看，亩均收益高于800元的耕地不应规划在休耕范围内；在休耕管护阶段，给予稳定型兼业户每亩大于1200元的不管护惩罚能有效促进稳定型兼业户对休耕地的管护。

（3）在稳定型兼业户自发减少化肥农药施用动力不足的情况下，通过补贴形式购买有机肥、生物农药替代传统化肥农药，将是促进农户减少传统化肥农药施用的有效措施，同时提高农户对化肥农药的环境认知也能起到辅助作用。

第7章 非稳定型兼业户耕地利用生态转型行为机理分析

7.1 引　言

非稳定型兼业户是丘陵山区农村的一个很大群体，面对社会经济的发展变革，他们也想参与其中以改变贫穷落后的局面。但受教育程度的不足，没有一技之长以及区域经济发展落后，可提供的非农就业机会不足都导致了他们无法长期稳定就业，只能靠临时的、短期的务工维持他们对货币需求，并且这种维持存在极大的不稳定性和不确定性。因此，依靠家里的一亩三分田填饱肚子是他们最基本的需求。本章主要分析非稳定型兼业户耕地利用生态转型的行为机理。

7.2　非稳定型兼业户自发型耕地利用生态转型行为机理及实证分析

7.2.1　行为机理

从经济层面划分农户需求，可以分为三个层次：第一个层次是生存需求，第二个层次是货币需求，第三个层次是利润需求（邓大才，2006）。这里第二个层次的货币需求应该是指在社会化大环境下农户通过对货币的追求来满足其家庭的效用，如子女读书、父母治病、购买消费品来提高生活质量等。但非稳定型兼业户由于没有稳定的非农业收入，在规避风险的心理作用下，他们首要考虑的是生存问题，也即第一层次的生存需求，基本上能保障他们生存安全的就是承包的耕地，为此，他们会投入必要的劳动时间在农业生产上。在保证了农业生产的前提下，剩余的劳动时间则为务工时间、家务时间和闲暇时间的总和。所以，本书认为，丘陵山区的非稳定型兼业户不会轻易作出撂荒的决定（见图 7 - 1）。也许这里会有人提出质疑，如果非稳定型兼业户中的耕地面积较多，多到在满足家庭自用的情况下还有很多剩余，这样的农户会撂荒吗？事实上也不会，原因是研究区（丘陵山区）人多地少，常常会有干旱、雨涝等灾害，农户在收成好的年份常常会把剩余粮食库存作为年景差的粮食补充，也是保障其生存安全的一个重要部分。

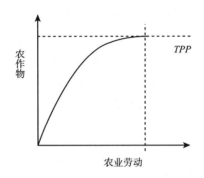

图 7 - 1　非稳定性兼业户耕地撂荒发生机制

根据上述分析，提出如下假说：丘陵山区非稳定型兼业户为保障生存需求，在自发的情况下不会对耕地进行撂荒。

7.2.2　机理验证

根据实际调研情况，非稳定型兼业户共撂荒地块 14 块，撂荒原因主要有两种：在江西省，主要是由于野猪侵犯导致耕地无法耕种；在贵州省，主要是由于耕地被洪水淹没导致短期内耕地无法耕种。也就是说，非稳定型兼业户耕地撂荒现象非常少，仅有的耕地撂荒情况也主要是外力因素导致。

7.2.3　小结

根据非稳定型兼业户耕地撂荒行为机理分析，我们认为非稳定型兼业户不会撂荒耕地。根据实际的调研结果，474 户非稳定型兼业户所拥有的全部 3845 块耕地中，仅有 14 块耕地撂荒，且耕地撂荒主要是由于不可抗力因素（野猪侵犯或洪水淹没）导致的。因此，我们认为实际情况符合我们的假说。

7.3 非稳定型兼业户政府主导型耕地利用生态转型行为机理及实证分析

7.3.1 行为机理

（1）休耕补偿预期分析。由于没有稳定的非农收入，非稳定型兼业户会优先保证农业生产的劳动时间以使农业产量最大。在图 7 - 2 中 E 为原均衡点，此时的产量达到最大值 Y_{max}，对应的劳动投入时间为 L_e。休耕意味着农户需要减少劳动投入，假设参与休耕的非稳定型农户的劳动投入时间由原来的 L_e 减少到休耕后的 L'_e，对应的农业产量减少量为 ΔY。

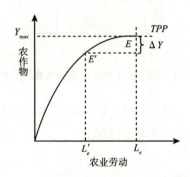

图 7 - 2　非稳定型兼业户休耕参与机理分析模型

根据上述对非稳定型兼业户休耕补偿预期分析，以下提出丘陵山区非稳定型兼业户休耕补偿预期假说：丘陵山区非稳定型兼业户对休耕补偿标准的预期值不低于因休耕造成的机会成本损失值。

（2）休耕管护博弈分析。非稳定型兼业户外出务工时间比较零散，他们可以利用没有务工的时间对耕地进行管护，因此我们认为非稳定型兼业户耕地管护前后对他们的务工收入没有影响。此时，非稳定型兼业户和政府的休耕管护博弈与老龄化农户和政府的休耕管护博弈是相同的，这里不再赘述。

相同地，当政府采取不积极策略时，农户采取不管护策略所获得的净收益（A）恒大于采取管护策略所获得的净收益（A－BC），此时农户会采取不管护策略。当政府采取积极策略时，要想非稳定型兼业户采取管护策略，就需要农户采取管护策略时的净收益（BM－BC＋A）大于农户采取不管护策略时的净收益（A－BF）。

7.3.2 实证分析

（1）休耕补偿满意度分析。将农户的亩均净收益与农户对现行休耕补偿标准满意度分布制作成图7－3，横坐标表示农户的亩均收益，纵坐标表示农户对现行休耕补偿标准满意程度。纵坐标上的1表示农户对现行休耕补偿标准满意，－1表示农户对现行休耕补偿标准不满意，图中竖直线为休耕补偿标准，为600元。

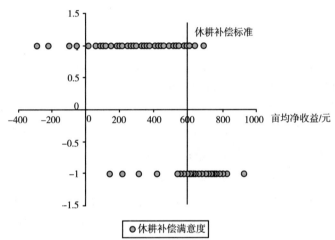

图7－3 非稳定型兼业户对现行休耕补偿标准的满意程度分布

为了便于统计分析非稳定型兼业户对现行休耕补偿标准满意度，制作表7－1以明晰不同亩均收益下非稳定型兼业户的满意情况。

表7－1　　　　　　非稳定型兼业户现行休耕补偿标准满意程度

收益	满意程度	区间百分比	百分比
亩均收益小于600元	满意	92.31	60.34
	不满意	7.69	5.02
区间合计		100.00	65.36
亩均收益大于等于600元	满意	16.13	5.59
	不满意	83.87	29.05
区间合计		100.00	34.64
合计			100.00

根据图 7-3，非稳定型兼业户的亩均净收益在 600 元以内，并且对现行休耕补偿标准满意的主要分布在 Y 轴的上半部分以及竖直线（休耕补偿标准）的左侧，从灰色圆点的分布来看，在这部分的点数最多；而亩均净收益在 600 元以内，且对现行休耕补偿标准不满意的主要分布在 Y 轴的下半部分以及竖直线的左侧，从灰色圆点的分布来看，在这部分的点最少。非稳定型兼业户的亩均净收益在 600 元及以上，并且对补偿标准满意的主要分布在 Y 轴的上半部分以及竖直线的右侧，从灰色圆点的分布来看，在这一区域的点数较少；亩均净收益在 600 元及以上，并且对补偿标准不满意的主要分布在 Y 轴的下半部分以及竖直线的右侧，从灰色圆点的分布来看，在这区域内的点数较多。

为了更具体地体现非稳定型兼业户对休耕标准满意程度之间的差异，继续用表 7-1 加以说明。首先，有 65.36% 的农户亩均收益小于 600 元，其中对补偿标准满意的农户占 90% 以上，说明这部分农户对自己的农业生产收益有较清楚的认识，国家给予 600 元的休耕补偿标准超过了他们的亩均收益。因此，对这部分非稳定型兼业户来说，参与耕地休耕可以增加其经济收益。并且，这部分农户占到了总的非稳定型兼业户的 60% 以上。在亩均收益小于 600 元的农户中，仅有 10% 不到的农户对现行休耕补偿标准不满意，问及具体原因，不少农户表示耕地休耕的归属问题（产权）、休耕后耕地的质量维护问题等存在不确定性，这些影响了农户的休耕满意程度。其次，有 34.64% 的农户亩均收益在 600 元及以上，其中对补偿标准满意的农户仅占 16.13%。从图 7-3 上看，这部分农户的亩均收益刚刚超过 600 元，而绝大部分亩均收益在 600 元及以上的非稳定型兼业户对补偿标准不满意，因为在目前的农业收益情况下，参与休耕会让他们的利益受损。

从数据统计分析结果来看，非稳定型兼业户对现行休耕补偿标准满意情况基本与对非稳定型兼业户的休耕补偿预期分析相符。同时，所有休耕调研区中有超过 65% 的非稳定型兼业户对现行休耕补偿标准满意，说明该休耕补偿标准还是符合大多数非稳定型兼业户的利益，但仍有大约 30% 的非稳定型兼业户会因参与现行补偿标准的休耕而损失其自身利益。

（2）休耕管护行为机理的实证分析。根据对贵州省铜仁市万山特区休耕区调研农户的耕地基本情况及收入情况的统计，调研区非稳定型兼业户户均管护耕地时的经济收入为 2 万元，户均耕地面积 4.90 亩，户均不管护耕地时的经济收入为 5 万元，当地政府给予农户休耕管护的补助标准为 400 元，

2017 年农户管护耕地的亩均成本为 200 元。管护耕地带来的生态效益为 10 万元，不管护耕地带来的生态损失为 20 万元，设政府给予非稳定型兼业户不管户耕地行为的处罚为 F。

根据本节对非稳定型兼业户与政府的耕地管护博弈分析可知，当政府采取不积极策略时，农户采取不管护策略所获得的净收益（A）恒大于采取管护策略所获得的净收益（A − BC），此时农户会采取不管护策略。当政府采取积极策略时，要想非稳定型兼业户采取管护策略，就需要农户采取管护策略时的净收益（BM − BC + A）大于农户采取不管护策略时的净收益（A − BF）。将非稳定型兼业户的实际数值带入计算，可以发现不需要给予非稳定型兼业户处罚，他们就会选择管护策略，原因是选择管护策略时的收益大于不管护策略时的收益。

7.3.3　小结

在耕地休耕阶段，根据非稳定型兼业户的耕地休耕补偿预期分析可知，国家给予的休耕补偿应大于等于非稳定型兼业户由休耕造成的产量（或收入）的减少值。在对应的实证分析中，愿意参与休耕的农户仅分布在为亩均收益小于或等于补偿标准的农户中。

在耕地管护阶段，通过非稳定型兼业户与政府的休耕地管护博弈分析可知，当政府选择不积极策略时，农户会选择不管护的策略；当政府选择积极策略时，非稳定型兼业户也会选择管护的策略，这时不需要额外设置处罚金用于惩罚非稳定型兼业户的不管护行为。

7.4　非稳定型兼业户耕地利用过程中化肥农药减施行为机理分析

7.4.1　行为机理

非稳定型兼业户是典型的风险规避型农户，由于务工收入的不稳定，他们优先将劳动时间分配在可以解决温饱的农业种植上，因此，务工收入具有不确定性，我们无法衡量他们的效用水平，只能确定他们的农业生产方式

（见图7-4）。生产曲线 TPP_1 表示农户传统的农业生产函数曲线，生产曲线 TPP_2 表示农户化肥农药减量后的生产函数曲线。在劳动投入时间 T_L 下，TPP_1 的产量为 Y_1，TPP_2 的产量为 Y_2，根据农业生产规律 $Y_2 < Y_1$，也就是说在相同的劳动投入时间 T_L 和化肥农药减量生产方式下的农作物产量低于传统种植方式下的产量。对于非稳定型兼业户来说，他们的农业生产目的是解决最基本的需求——温饱，产量减少意味着他们的温饱受到威胁，这时他们并不愿意减少化肥农药的用量，哪怕减少化肥农药后的农产品更健康，对环境也更有益。

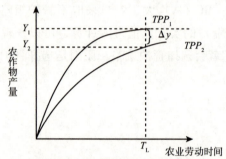

图7-4　非稳定型兼业户环境友好型耕地利用参与机理分析模型

由此可知，短期内提高非稳定型兼业户对化肥农药减施所带来的健康益处的认知，对促进非稳定型兼业户自发减少化肥农药用量的效果应该并不理想。

除了改变农户对环境友好型农产品的效用感知外，事实上通过给予农户因化肥农药减量导致的农产品补偿也能弥补非稳定型兼业户因化肥农药减量导致的效用降低，也即补偿因耕地利用方式改变导致产量下降的 Δy，让农户感觉到耕地利用方式变化前后的效用没有改变。如对老龄化农户的分析一样，通过间接的补偿方式，即给予农户购买有机肥、生物农药替代传统化肥农药的补贴，以有效降低农户采用环境友好型耕地利用方式的成本，增加农户参与的积极性。

基于上述分析，激励丘陵山区非稳定型兼业户减少耕地利用过程中化肥农药施用量的主要措施有：以给予补贴的方式鼓励农户购买有机肥、生物农药以替代传统化肥农药。

7.4.2　对化肥农药的认知分析

（1）化肥农药施用现状。表7-2罗列了非稳定型兼业户近5年化肥施用量的变化趋势，其中有60.26%的农户没有改变化肥施用量，有33.11%的农户表示微微增加了化肥用量，分别有 3.31% 的农户大量增加了化肥施用量和微微减少了化肥用量。从数据上看，有大约 1/3 农户的化肥施用量有微微增加，另外还有 5 户大量增加了化肥施用量，两者合计有大约 36% 的农户近年来化肥施用量增加。说明非稳定型兼业户中存在一定比例的农户在加大化肥施用。

表 7 - 2　　　　　　　　　　　　　化肥施用现状

问题	您家近五年的化肥施用量（每亩）有变化吗				
选项	大量增加	微增	基本没变	微减	大量减少
户数/户	5	50	91	5	0
所占比例/%	3.31	33.11	60.26	3.31	0.00

表 7 - 3 罗列了非稳定型兼业户在农业生产中使用农药及农药施用量变化情况。首先，在 151 户农户中，仅有 1 户农户不施用农药，仅占总非稳定型兼业户户数的 0.66%；其次，有 62.25% 的农户表示自家农药施用量与去年相比没有变化，有 37.09% 的农户表示自家农药施用量与去年相比增加了，有 0.66% 的农户农药施用量与去年相比减少了。使用农药和化肥使用现状类似，大约有超过 1/3 的非稳定型兼业户农药施用量在增加。

表 7 - 3　　　　　　　　　　　　　农药施用现状

问题	是否使用农药		您家今年与去年相比农业生产中农药施用量变化情况（每亩）		
选项	是	否	用量增加	用量不变	用量减少
户数/户	150	1	56	94	1
所占比例/%	99.34	0.66	37.09	62.25	0.66

由表 7 - 2 和表 7 - 3 可知，无论化肥还是农药，仍存在相当比例的非稳定型兼业户在耕地利用过程中扩大它们的用量，而仅有极少比例的农户减少化肥农药用量。

（2）对化肥农药施用的环境影响认知。在表 7 - 4 中，从问题"您知道长期施用化肥会造成土壤污染、板结和盐碱化吗"的回答选项可以得知，非稳定型兼业户中，选择"非常清楚，会造成较为严重的后果"这一选项的农户数为 18.54%，选择"了解一点，但不影响化肥使用量"这一选项的农户为 56.29%，而选择"不了解"选项的农户为 25.17%。也就是说，有超过 80% 的非稳定型兼业户对长期施用化肥会导致土壤污染、板结以及盐碱化这一现象没有深刻的认识，尽管对化肥的危害有一点认知的非稳定型兼业户超五成，但这并不能影响他们化肥施用量。

表 7 – 4 对化肥施用的环境影响认知

问题	您知道长期施用化肥，会造成土壤污染、板结、盐碱化吗		
选项	非常清楚，会造成较为严重的后果	了解一点，但不影响化肥用量	不清楚
户数/户	28	85	38
所占比例/%	18.54	56.29	25.17

如表 7 – 5 所示，在回答"在购买化肥时，您考虑的首要因素是什么"的问题时，有高达 82.78% 的农户选择"期望的作物产量"，也就是说有超过 4/5 的非稳定型兼业户是从产量角度选购化肥；有 13.25% 的农户选择"化肥/农产品价格"作为使用化肥时考虑的首要因素；仅有 1 户选择"环境因素（如化肥对土壤的污染）"这一选项，占非稳定型兼业户总数的 0.66%。

表 7 – 5 购买化肥考虑的因素

问题	在购买化肥时，您考虑的首要因素是什么			
选项	家庭收入	期望的作物产量	化肥/农产品价格	环境因素（如化肥对土壤造成污染）
户数/户	5	125	20	1
所占比例/%	3.31	82.78	13.25	0.66

由表 7 – 4 和表 7 – 5 可知，非稳定型兼业户关于化肥施用的环境影响认知整体上还不深刻，尽管有 18.54% 的农户知道长期施用化肥，会造成土壤污染、板结、盐碱化，但在实际决定化肥施用量时，仅有 0.66% 的农户首要考虑的是化肥施用对环境造成的危害，而剩下的 99.34% 的农户首要考虑的还是经济因素。从这一点看出，哪怕有部分非稳定型兼业户知道化肥长期施用会对耕地土壤环境造成破坏和污染，但在实际化肥施用中仍然以产量、价格以及家庭收入等经济因素作为首要考虑的内容。这种以注重短期产量的不可持续耕地利用行为，反映出丘陵山区非稳定型兼业户可能还处于依靠农业生产解决温饱需求的层面，对化肥长期施用的土壤环境影响还无暇顾及。

在表 7 – 6 中，从问题"您认为施用农药对土壤是否会产生不良影响"的回答选项可以得知，有 28.48% 的农户认为农药的施用对土壤产生较大不良影响，仅有 5.96% 的农户认为有严重的不良影响，两者合计大约有 1/3 的农户认为农药的施用会对土壤环境产生较大甚至严重的影响。这一比例高于农户对化肥施用的环境影响认知。

表 7-6　　　　　　　　　　　对农药施用的环境影响认知

问题	您认为施用农药对土壤是否会产生不良影响				
选项	无影响	影响很小	影响一般	影响较大	影响严重
户数/户	20	23	56	43	9
所占比例/%	13.25	15.23	37.09	28.48	5.96

在表 7-7 中，从问题"您认为施用农药对农作物食品安全是否会产生不良影响"的回答选项可以得知，有 45.03% 的农户认为农药施用对农作物产生较大的不良影响，仅有 6.62% 的农户认为有严重的不良影响。也就是说，有超过 50% 的非稳定型兼业户认为农药施用会对农作物带来不良影响。

表 7-7　　　　　　　　　　　农药对农作物危害的影响

问题	您认为施用农药对农作物食品安全是否会产生不良影响				
选项	无影响	影响很小	影响一般	影响较大	影响严重
户数/户	16	28	29	68	10
所占比例/%	10.60	18.54	19.21	45.03	6.62

在表 7-8 中，从问题"您选择农药的首要依据是什么"的回答选项可以得知，选择"治疗病虫害的效果"这一选项的比例为 48.34%，选择"农药价格"选项的非稳定型兼业户比例为 41.72%，而选择"保护环境"的农户比例仅为 9.27%。

表 7-8　　　　　　　　　　　选购农药的依据

问题	您选择农药的首要依据是什么			
选项	农药价格	保护环境	治疗病虫害的效果	品牌
户数/户	63	14	73	1
所占比例/%	41.72	9.27	48.34	0.66

由表 7-6、表 7-7 和表 7-8 可知，相对于化肥对环境的影响认知，非稳定型兼业户关于农药施用对土壤环境和农作物的影响认知程度相对更高，

甚至有超过 1/3 的农户认为农药施用会对环境产生不良影响，但在实际选购农药时，仅有 9.27% 的农户将"保护环境"作为首选依据。这再一次说明，丘陵山区非稳定型兼业户耕地利用行为以注重短期产量为主，对农药施用的环境影响还无暇顾及。

（3）模拟政策的选择认知。表 7 - 9 罗列了非稳定型兼业户对以补贴的方式鼓励施用有机肥、喷洒生物农药替代普通农药的意愿接受程度。有62.25% 的农户选择愿意，20.53% 的农户表现出强烈的意愿，两者合计比例超过 80%。这说明绝大部分非稳定型兼业户对这一模拟政策有相当的认可度。

表 7 - 9　　对补贴方式购买有机肥/生物农药替代普通化肥农药的接受意愿

问题	如果国家通过补贴的方式鼓励农民施用有机肥、喷洒生物农药替代普通化肥农药，您愿意接受吗				
选项	非常愿意	愿意	无所谓	不愿意	非常不愿意
户数/户	31	94	13	11	2
所占比例/%	20.53	62.25	8.61	7.28	1.32

表 7 - 10 罗列了非稳定型兼业户对种植有机农产品的意愿程度。其中，有 46.36% 的农户选择"无所谓"，有 25.17% 的农户选择"不愿意"，有28.47% 的农户选择"愿意"。从数据上看，大部分非稳定型兼业户对种植有机农产品获取更高的经济收益没有兴趣，但仍有大约 1/4 的农户表示愿意，原因可能是虽然非稳定型兼业户种植的农产品主要留作口粮，但是务工机会少的丘陵山区如果能从农业种植上获取更高的收益，这部分农户也愿意尝试种植有机作物。

表 7 - 10　　　　　　　　对种植有机农作物的参与意愿

问题	如果市场上的有机农产品价格上涨，而且销售情况很好，您会愿意种植有机作物吗		
选项	愿意	无所谓	不愿意
户数/户	43	70	38
所占比例/%	28.47	46.36	25.17

表 7 - 11 罗列了非稳定型兼业户对过量施肥/喷洒农药征税的意愿程度。选择"不愿意"的农户比例最高，为 58.28%，表现出强烈不愿意的农户比例为 12.58%，两者合计比例大约 70%；同时有 25.83% 的农户觉得征不征税无所谓，而选择"愿意"和"非常愿意"的合计比例仅为 3.31%。从数据上

看，这一模拟政策在非稳定型兼业户中不受欢迎，而有 1/4 的农户觉得征不征税无所谓的可能原因是他们认为自家化肥农药施用没有过量，所以对征不征税表现出无所谓的态度。

表 7-11　　　　　　　　　对过量施肥/喷洒农药征税的接受意愿

问题	如果国家对过量施肥/喷洒农药征税，您是否愿意接受				
选项	非常愿意	愿意	无所谓	不愿意	非常不愿意
户数/户	1	4	39	88	19
所占比例/%	0.66	2.65	25.83	58.28	12.58

7.4.3　小结

本节内容首先利用农户模型分析了丘陵山区非稳定型兼业户耕地利用过程中化肥农药减施的行为机理。分析的结果显示，丘陵山区非稳定型兼业户没有自发减少耕地利用过程中化肥农药施用量的动力；以补贴的方式鼓励农户施用有机肥、生物农药替代传统化肥农药是农户乐于接受的方式。

通过调研数据的统计分析：①在化肥农药的施用现状方面，存在相当比例（超过 1/3）的农户仍在加大化肥农药的施用量；②在化肥农药对环境影响的认知方面，农户对农药施用的环境影响认知程度要高于对化肥施用的环境影响认知，但从实际化肥和农药购买决策上，农户受化肥和农药施用的环境因素影响很小，农作物产量等经济因素才是他们考虑的主要因素，也就是说提高非稳定型兼业户农药化肥施用的环境影响认知对他们的实际农业生产决策行为影响不大；③在模型政策的选择认知方面，非稳定型兼业户更倾向于通过补贴方式施用有机化肥、生物农药替代传统化肥农药的方式，同时也有部分（大约 1/4）的农户在有机农产品有市场的情况下愿意种植有机农产品。

7.5　研究结论与政策启示

7.5.1　研究结论

本章基于农户模型分别对丘陵山区非稳定型兼业户自发型耕地利用生态

转型、政府主导型耕地利用生态转型以及耕地利用过程中化肥农药减施的行为机理进行分析，并在此基础上利用实地调研的农户数据对上述行为机理进行实证分析，主要得到以下结论：

（1）在自发型耕地利用生态转型过程中，丘陵山区非稳定型兼业户一般不会发生耕地撂荒。

（2）在耕地休耕阶段，所有非稳定型兼业户中有大约65%对现行休耕补偿标准满意，但也有超过1/3的农户不满意现行的补偿标准。

在耕地管护阶段，只要政府积极对农户耕地管护行为进行监督，对积极管护耕地的农户及时发放管护补助，农户就会采取管护的策略。

（3）在耕地利用过程中，丘陵山区非稳定型兼业户没有自发减少化肥农药施用量的动力；以补贴形式鼓励农户施用有机肥、生物农药替代传统化肥农药是较好的方式。

7.5.2 政策启示

（1）按照目前的休耕补偿标准，有部分参与休耕的非稳定型兼业户农业收益受损，这并不是休耕工程的初衷，所以可以尝试农户自愿报名参与休耕工程的方式，根据非稳定型兼业户对现行补偿满意情况看，仍然有65%的农户会愿意参与休耕。在休耕管护阶段，起主导作用的政府行为显得至关重要，只要政府采取"积极"的策略，监督农户的管护行为并及时发放补助，非稳定型兼业户就会选择"管护"策略。

（2）在非稳定型兼业户自发减少化肥农药施用动力不足的情况下，通过补贴形式购买有机肥、生物农药替代传统化肥农药将是促进非稳定型兼业户减少传统化肥农药施用的有效方式。同时，完善有机、生态、绿色农产品市场，降低农户进入该类市场门槛，也能对部分非稳定型兼业户的化肥农药减施行为起到作用。

第8章 研究结论与政策启示及展望

8.1 研究结论

本研究以典型丘陵山区——江西省和贵州省的部分地区为研究区域，界定了耕地利用生态转型的概念及其内涵，明确了现阶段丘陵山区耕地利用生态转型的主要形式，借助农户行为理论、问卷调查、统计学、计量经济学以及博弈论的分析方法，从农户异质性视角下分析了耕地利用生态转型的行为机理并通过调研数据加以实证或验证，本研究主要得到以下结论。

（1）从非农就业机会、是否参与非农就业以及非农就业的稳定性三个层面将丘陵山区农户划分为老龄化农户、纯农户、稳定型兼业户和非稳定型兼业户，通过每种类型农户在农业生产、消费、劳动力配置以及效用偏好的差异构建了不同的农户模型。

（2）对于老龄化农户，基于其农户模型分别对丘陵山区老龄化农户自发型耕地利用生态转型、政府主导型耕地利用生态转型以及耕地利用过程中化肥农药减施的行为机理进行分析，并在此基础上利用实地调研的农户数据对上述行为机理进行实证分析，主要得到：

①在自发型耕地利用生态转型（撂荒）方面，随着农户年龄的增大，丘陵山区老龄化农户撂荒耕地的概率增加，且耕地撂荒优先发生在离家远、土地质量差、灌溉条件劣的耕地。在实证分析中，农户年龄每增加1岁，耕地撂荒的概率增加8.5%。

②在政府主导型耕地利用生态转型（西南石漠化地区休耕）方面，所有老龄化农户中有超过70%（其中45.13%的农户亩均收益超过补偿标准）的农户对现行休耕补偿标准满意，说明该休耕补偿标准能够满足大多数老龄化

农户的效用。

在休耕管护阶段，只要政府积极监督农户管护行为同时及时发放管护补助，老龄化农户就会进行休耕管护，但随着年龄增大，老龄化农户进行休耕管护的意愿会降低。

③在耕地利用过程中，丘陵山区老龄化农户没有自发减少化肥农药施用量的动力。而提高老龄化农户农药化肥施用的环境影响认知对他们实际农业生产决策行为影响不大，老龄化农户更倾向于通过补贴方式购买有机肥、生物农药替代传统化肥农药的措施。

（3）对于纯农户，基于其农户模型分别对丘陵山区纯农户自发型耕地利用生态转型、政府主导型耕地利用生态转型以及耕地利用过程中化肥农药减施的行为机理进行分析，并在此基础上利用实地调研的农户数据对上述行为机理进行实证分析，主要得到：

①在自发型耕地利用生态转型（撂荒）方面，地块的灌溉情况、地块到家的距离以及耕地质量是影响丘陵山区纯农户耕地撂荒的主要因素。

②在政府主导型耕地利用生态转型（西南石漠化地区休耕）方面，国家给予的休耕补偿应大于或等于非稳定型兼业户由休耕造成的产量（或收入）的减少值。尽管实地调研获取的 3 户纯农户亩均收益都超过 600 元，且对现行休耕补偿标准不满意。但由于数据量确实过少，这里保留对纯农户休耕补偿预期机理的验证。

在休耕管护阶段，只要政府积极监督农户管护行为同时及时发放管护补助，纯农户就会进行休耕管护。

③在耕地利用过程中，丘陵山区纯农户没有自发减少化肥农药施用量的动力。以补贴的形式鼓励农户施用有机肥、生物农药替代传统化肥农药，以及完善有机、生态、绿色农产品市场，降低农户进入该类市场门槛是较为合适且农户易于接受的方式。

（4）对于稳定型兼业户，基于其农户模型分别对丘陵山区稳定型兼业户自发型耕地利用生态转型、政府主导型耕地利用生态转型以及耕地利用过程中化肥农药减施的行为机理进行分析，在此基础上利用实地调研的农户数据对上述行为机理进行实证分析，主要得到：

①在自发型耕地利用生态转型（撂荒）方面，随着务工劳动力人数的增加，耕地撂荒的概率会随之增加，其撂荒的过程是优先撂荒耕地质量差、灌溉条件劣、距离家远的耕地。从 Logistic 回归分析的具体结果看，务工劳动力

人数每增加 1 人，耕地撂荒的概率增加 38.3%，而非农收入对耕地撂荒的影响不显著。

②在政府主导型耕地利用生态转型（西南石漠化地区休耕）方面，所有稳定型兼业户中有超过 90%（其中 40% 的农户亩均收益超过补偿标准）的农户对现行休耕补偿标准满意，说明该休耕补偿标准还是能达到大多数稳定型兼业户的心理预期。

在休耕管护阶段，设置稳定型兼业户的不管护耕地惩罚金为每亩 1200 元时，能够使稳定型兼业户选择管护策略。

③在耕地利用过程中，丘陵山区稳定型兼业户没有自发减少化肥农药施用量的动力。提高农户对化肥农药的环境认知，以补贴的形式鼓励农户施用有机肥、生物农药替代传统化肥农药是较为可行的方式。

（5）对于非稳定型兼业户，基于其农户模型分别对丘陵山区非稳定型兼业户自发型耕地利用生态转型、政府主导型耕地利用生态转型以及耕地利用过程中化肥农药减施的行为机理进行分析，并在此基础上利用实地调研的农户数据对上述行为机理进行实证分析，主要得到：

①在自发型耕地利用生态转型（撂荒）过程中，丘陵山区非稳定型兼业户一般不会发生耕地撂荒。

②在政府主导型耕地利用生态转型（西南石漠化地区休耕）方面，所有非稳定型兼业户中有 65% 的农户对现行休耕补偿标准满意，仍有超过 1/3 的农户不满意现行的补偿标准。

在休耕管护阶段，只要政府积极监督农户管护行为并及时发放管护补助，非稳定型兼业户就会进行休耕管护。

③在耕地利用过程中，丘陵山区非稳定型兼业户没有自发减少化肥农药施用量的动力。以补贴形式鼓励农户用有机肥、生物农药替代传统化肥农药是较为可行的方式。

8.2　政策启示

（1）作为自发型耕地利用生态转型，丘陵山区坡耕地撂荒是老龄化农户、稳定型兼业户和纯农户自发选择的行为，从目前撂荒的形式看，主要是耕地质量差、灌溉条件劣的坡耕地被撂荒。因此，应适当推进丘陵山区老龄化农户和稳定型兼业户的劣质耕地的生态退耕,对于已经发生的劣质耕地撂荒要及时采取措施恢复植被覆盖以增加土壤入渗率,减少地表径流,达到有效减轻土壤侵蚀和水土流失的效果。而纯农户耕地撂荒与否受市场价格因素影响大,因此可以考虑将目前纯农户撂荒的耕地纳入耕地管护管理体系,促进劣质耕地的休养生息和地力培肥。

(2)虽然我国休耕工程还处于试点阶段,但从国家推广的决心看,这是一个长远的工程。因此,就休耕规划区的范围、休耕补偿标准、休耕参与形式以及休耕管护策略选择上都应做长远打算。就本书的研究结论来看,西南石漠化区域亩均收益高于 800 元的耕地不应规划在休耕范围内,这样可以获得最大范围内老龄化农户和稳定型兼业户的休耕参与满意度,从而推动这两类农户可持续地参与休耕;对于非稳定型兼业户和纯农户,政府应遵循农户自愿的原则,按照现行的休耕补偿标准,仍有 65% 的非稳定型兼业户会自愿参与休耕,所以按照自愿的原则,既可以保证石漠化区贫瘠耕地参与休耕,又能保证非稳定型兼业户和纯农户的经济利益不受损。

在休耕管护阶段,只要政府积极监督并按时发放管护补助,老龄化农户、纯农户和非稳定型兼业户就会对休耕地进行管护,但老龄化农户会随着年龄增大等因素导致积极管护耕地的意愿减弱;而对稳定型兼业户来说,政府除需要积极监督并按时发放管护补助外,还需要对不管护行为进行一定的处罚才能保证稳定型兼业户对耕地进行管护。但事实上,单独对不管护耕地的稳定型兼业户进行处罚的可操作性不强,建议构建休耕管护承包制,将稳定型兼业户不愿管护的耕地承包给纯农户或者非稳定型兼业户,一方面可以减轻稳定型兼业户的负担,另一方面能够促进纯农户或非稳定型兼业户的增收。

(3)通过理论分析和实际调研数据的辅证,可以发现:对丘陵山区所有农户来说,通过补贴方式购买有机肥、生物农药替代传统化肥农药的方式是减少传统化肥农药施用的有效方式。

从农户之间的差异来看,提高稳定型兼业户对化肥农药的环境认知能起到辅助作用;对纯农户来说,加强绿色、生态、有机农产品市场体系建设,对发展绿色、生态、有机农产品产业的农户进行必要的扶持,有利于降低农户准入门槛,分担农户的参与风险,一方面能够促进纯农户减少化肥农药的施用,另一方面能够帮助纯农户增收。

8.3 研 究 展 望

耕地利用生态转型是我国新时期的土地利用现象，对土地利用变化研究领域来说还是新兴的事物，研究我国耕地利用生态转型的规律，可以通过宏观调控政策来控制转型的速度和程度，实现土地利用的可持续。因此，展望未来，还有以下主要问题需要深入研究。

（1）将耕地利用生态转型研究拓宽到更广的区域，如在平原地区，农户有哪些特征，如何划分农户类型，研究他们的耕地利用生态转型的发生机制，有利于完善我国不同区域耕地利用生态转型的研究。

（2）本书以几种常见耕地利用生态转型的方式作为研究对象，分析了农户层面上不同方式的发生机制，尽管耕地利用生态转型的结果是耕地向可持续的土地利用类型或土地利用方式转变，但具体地，哪一种方式到底带来了哪些生态效益，不同转型方式下所带来的生态效益的差异又如何，本书还未涉足，这是未来耕地利用生态转型的重要研究方向。

（3）结合"3S"技术，利用系统动力学、元胞自动机和土地利用情景模拟等方法拓宽耕地利用转型在地理空间上的研究，也是未来重要的研究方向。

（4）结合国家方针战略研究耕地利用生态转型将是非常有意义的研究方向，如在乡村振兴发展战略框架下研究耕地利用生态转型。

参 考 文 献

[1] 董婷婷，张增祥，钱凤魁. 中国北方农牧交错带耕地动态变化的遥感监测 [J]. 农业工程学报，2007 (6)：78-82.

[2] 田亚平，刘沛林，郑文武. 南方丘陵区的生态脆弱度评估——以衡阳盆地为例 [J]. 地理研究，2005 (6)：843-852.

[3] 刘志飞. 农户生计资产对土地利用的作用研究 [D]. 江西财经大学，2016.

[4] 宋小青，吴志峰，欧阳竹.1949 年以来中国耕地功能变化 [J]. 地理学报，2014，69 (4)：435-447.

[5] 宋戈，林彤. 东北粮食主产区农村土地承包经营权规模化流转定价机制研究——以黑龙江省克山县为例 [J]. 中国土地科学，2016，30 (6)：44-51.

[6] 唐秀美，陈百明，刘玉，潘瑜春，孙超，任艳敏. 耕地生态价值评估研究进展分析 [J]. 农业机械学报，2016，47 (9)：256-265.

[7] 李全峰. 长江中游地区耕地利用转型特征与机理研究 [D]. 中国地质大学，2017.

[8] 龙花楼. 土地利用转型——土地利用/覆被变化综合研究的新途径 [J]. 地理与地理信息科学，2003 (1)：87-90.

[9] 龙花楼. 论土地利用转型与土地资源管理 [J]. 地理研究，2015，34 (9)：1607-1618.

[10] 龙花楼. 国内土地利用转型研究的前沿探索 [A]. 中国自然资源学会土地资源研究专业委员会，中国地理学会农业地理与乡村发展专业委员会，中国城乡发展智库联盟.2016 年中国新时期土地资源科学与新常态创新发展战略研讨会暨中国自然资源学会土地资源研究专业委员会 30 周年纪念会论文集 [C]. 中国自然资源学会土地资源研究专业委员会，中国地理学会农业地理与乡村发展专业委员会，中国城乡发展智库联盟，2016：12.

[11] 李秀彬, 赵宇鸾. 森林转型、农地边际化与生态恢复 [J]. 中国人口. 资源与环境, 2011, 21 (10): 91-95.

[12] 李菁, 冯银静, 夏冀. 城市土地利用转型的路径选择——以广州市"三旧改造"为例 [J]. 中国房地产, 2015 (3): 36-43.

[13] 龙花楼. 中国农村宅基地转型的理论与证实 [J]. 地理学报, 2006 (10): 1093-1100.

[14] 杨永春, 杨晓娟. 1949~2005年中国河谷盆地型大城市空间扩展与土地利用结构转型——以兰州市为例 [J]. 自然资源学报, 2009, 24 (1): 37-49.

[15] 陈龙, 周生路, 周兵兵, 吕立刚, 昌亭. 基于主导功能的江苏省土地利用转型特征与驱动力 [J]. 经济地理, 2015, 35 (2): 155-162.

[16] 吕立刚, 周生路, 周兵兵, 戴靓, 昌亭, 鲍桂叶, 周华, 李志. 区域发展过程中土地利用转型及其生态环境响应研究——以江苏省为例 [J]. 地理科学, 2013, 33 (12): 1442-1449.

[17] 王福红, 赵锐锋, 张丽华, 李鸿伟. 黑河中游土地利用转型过程及其对区域生态质量的影响 [J]. 应用生态学报, 2017, 28 (12): 4057-4066.

[18] 戈大专, 龙花楼, 屠爽爽, 张英男. 黄淮海地区土地利用转型与粮食产量耦合关系研究 [J]. 农业资源与环境学报, 2017, 34 (4): 319-327.

[19] 史洋洋, 吕晓, 黄贤金, 于淼. 江苏沿海地区耕地利用转型及其生态系统服务价值变化响应 [J]. 自然资源学报, 2017, 32 (6): 961-976.

[20] 张英男, 龙花楼, 屠爽爽, 戈大专, 王冬艳. 鄱阳湖生态经济区土地利用转型热点区域识别及其动力机制研究 [J]. 生态环境学报, 2016, 25 (11): 1828-1835.

[21] 刘永强, 廖柳文, 龙花楼, 秦建新. 土地利用转型的生态系统服务价值效应分析——以湖南省为例 [J]. 地理研究, 2015, 34 (4): 691-700.

[22] 宋小青. 论土地利用转型的研究框架 [J]. 地理学报, 2017, 72 (3): 471-487.

[23] 龙花楼, 李婷婷. 中国耕地和农村宅基地利用转型耦合分析 [J].

地理学报, 2012, 67 (02): 201-210.

　　[24] 龙花楼. 论土地利用转型与乡村转型发展 [J]. 地理科学进展, 2012, 31 (2): 131-138.

　　[25] 向敬伟, 李江风. 贫困山区耕地利用转型对农业经济增长质量的影响 [J]. 中国人口·资源与环境, 2018, 28 (1): 71-81.

　　[26] 朱传民. 乡村快速发展下的耕地利用转型与调控研究 [D]. 中国农业大学, 2016.

　　[27] 向敬伟. 鄂西贫困山区耕地利用转型对农业经济增长质量影响研究 [D]. 中国地质大学, 2016.

　　[28] 谭术魁. 中国耕地撂荒问题研究 [M]. 北京: 科学出版社, 2004.

　　[29] 刘润秋, 宋艳艳. 农地抛荒的深层次原因探析 [J]. 农村经济, 2006 (1): 31-34.

　　[30] 尹坤. 别让农村土地"下岗"——对农村土地抛荒现象的思考 [J]. 中国土地, 2012 (2): 59-60.

　　[31] 郗鼎玖, 许大文. 农村土地抛荒问题的调查与分析 [J]. 农业经济问题, 2000 (12): 10-13.

　　[32] 杨涛, 王雅鹏. 农村耕地抛荒与土地流转问题的理论探析 [J]. 调研世界, 2003 (2): 15-19.

　　[33] 卿秋艳. 农村土地抛荒问题影响因素及对策探讨——基于湖南郴州龙海村的调查 [J]. 山东农业大学学报 (社会科学版), 2010, 12 (2): 50-54.

　　[34] 李文辉, 戴中亮. 一个基于农户家庭特征的耕地抛荒假说 [J]. 中国人口·资源与环境, 2014, 24 (10): 143-149.

　　[35] 马清欣, 何三林. 对当前农村耕地撂荒和耕地质量下降问题的探讨 [J]. 中国农业资源与区划, 2002 (4): 22-24.

　　[36] 黄利民, 张安录, 刘成武. 农地边际化对丘陵山区经济与环境的影响——以湖北省通城县为例 [J]. 经济地理, 2009, 29 (11): 1898-1902.

　　[37] 黄利民, 刘成武. 农地边际化及其与农村劳动力迁移的关系研究——以湖北省通城县为例 [J]. 安徽农业科学, 2010, 38 (14): 7608-7610.

　　[38] 定光平, 刘成武, 黄利民. 惠农政策下丘陵山区农地边际化的理

论分析与实证——以湖北省通城县为例 [J]. 地理研究, 2009, 28 (1): 109 - 117.

[39] 李秀彬, 赵宇鸾. 森林转型、农地边际化与生态恢复 [J]. 中国人口. 资源与环境, 2011, 21 (10): 91 - 95.

[40] 邵景安, 张仕超, 李秀彬. 山区耕地边际化特征及其动因与政策含义 [J]. 地理学报, 2014, 69 (2): 227 - 242.

[41] 田玉军, 李秀彬, 辛良杰, 马国霞, 李占明. 农业劳动力机会成本上升对农地利用的影响——以宁夏回族自治区为例 [J]. 自然资源学报, 2009, 24 (3): 369 - 377.

[42] 韩书成, 谢永生, 郝明德, 濮励杰. 不同类型农户土地投入行为差异研究 [J]. 水土保持研究, 2005 (5): 87 - 89, 165.

[43] 谭淑豪, 曲福田, 黄贤金. 市场经济环境下不同类型农户土地利用行为差异及土地保护政策分析 [J]. 南京农业大学学报, 2001 (2): 110 - 114.

[44] 王鹏, 黄贤金, 张兆干, 杨肇卫. 江西上饶县农业结构调整与土地利用变化分析 [J]. 资源科学, 2004 (2): 115 - 122.

[45] 孔祥斌, 刘灵伟, 秦静. 基于农户土地利用行为的北京大兴区耕地质量评价 [J]. 地理学报, 2008 (8): 856 - 868.

[46] 李赞红, 阎建忠, 花晓波, 辛良杰, 李秀彬. 不同类型农户撂荒及其影响因素研究——以重庆市 12 个典型村为例 [J]. 地理研究, 2014, 33 (4): 721 - 734.

[47] 中南大学课题调研组, 王博, 陈迎迎, 唐继强, 朱建军. 耕地抛荒: 一个沉重的多元视角命题 [J]. 国土资源导刊, 2010, 7 (11): 47 - 49.

[48] 沈孝强, 吴次芳. 自主参与式农地休养政策: 模式和启示 [J]. 中国土地科学, 2016, 30 (1): 68 - 74.

[49] 卓乐, 曾福生. 发达国家及中国台湾地区休耕制度对中国大陆实施休耕制度的启示 [J]. 世界农业, 2016 (9): 80 - 85.

[50] 刘沛源, 郑晓冬, 李姣媛, 方向明. 国外及中国台湾地区的休耕补贴政策 [J]. 世界农业, 2016 (6): 149 - 153, 183.

[51] 饶静. 发达国家"耕地休养"综述及对中国的启示 [J]. 农业技术经济, 2016 (9): 118 - 128.

[52] 赵雲泰, 黄贤金, 钟太洋, 吕晓. 区域虚拟休耕规模与空间布局研究 [J]. 水土保持通报, 2011, 31 (5): 103 – 107.

[53] 黄国勤, 赵其国. 轮作休耕问题探讨 [J]. 生态环境学报, 2017, 26 (2): 357 – 362.

[54] 揣小伟, 黄贤金, 钟太洋. 休耕模式下我国耕地保有量初探 [J]. 山东师范大学学报 (自然科学版), 2008 (3): 99 – 102.

[55] 张慧芳, 吴宇哲, 何良将. 我国推行休耕制度的探讨 [J]. 浙江农业学报, 2013, 25 (1): 166 – 170.

[56] 尹珂, 肖轶. 三峡库区消落带农户生态休耕经济补偿意愿及影响因素研究 [J]. 地理科学, 2015, 35 (9): 1123 – 1129.

[57] 李争, 杨俊. 鄱阳湖粮食产区农户休耕意愿及影响因素研究 [J]. 广东农业科学, 2015, 42 (22): 162 – 167.

[58] 余亮亮, 蔡银莺. 补贴流向与耕地保护经济补偿政策农户满意度绩效——以成都市耕地保护基金为例 [J]. 长江流域资源与环境, 2016, 25 (1): 106 – 112.

[59] 王学, 李秀彬, 辛良杰, 谈明洪, 李升发, 王仁靖. 华北地下水超采区冬小麦退耕的生态补偿问题探讨 [J]. 地理学报, 2016, 71 (5): 829 – 839.

[60] 俞振宁, 吴次芳, 沈孝强. 基于 IAD 延伸决策模型的农户耕地休养意愿研究 [J]. 自然资源学报, 2017, 32 (2): 198 – 209.

[61] 谢花林, 程玲娟. 地下水漏斗区农户冬小麦休耕意愿的影响因素及其生态补偿标准研究——以河北衡水为例 [J]. 自然资源学报, 2017, 32 (12): 2012 – 2022.

[62] 吴箐, 谢花林. 土地休耕制度研究: 回顾与启示 [J]. Journal of Resources and Ecology, 2017, 8 (3): 223 – 231.

[63] 朱隽. 莫让休耕的土地荒芜 [N]. 人民日报, 2016 – 07 – 31 (011).

[64] 吴泽斌, 刘卫东. 试论耕地管护的非对称利益冲突 [J]. 资源科学, 2010 (7): 1400 – 1406.

[65] 黄文清, 张俊飚. 基于横向监督的生态退耕管护问题研究——来自青海化隆县沙连堡乡的实证分析 [J]. 西北农林科技大学学报 (社会科学版), 2007 (4): 37 – 41.

[66] 许恒周. 耕地管护: 农户、地方政府与中央政府的博弈分析 [J].

经济体制改革, 2011 (4): 65-68.

[67] 王利敏, 欧名豪. 基于委托代理理论的农户耕地管护补偿标准分析 [J]. 中国人口·资源与环境, 2011 (2): 137-140.

[68] 钟骁勇, 肖泽干. 基于进化博弈视角的农户耕地管护行为选择研究 [J]. 国土资源科技管理, 2013 (6): 48-52.

[69] 毋晓蕾, 梁流涛, 陈常优. 耕地管护主体行为分析及补偿激励机制构建 [J]. 河南大学学报 (社会科学版), 2014 (6): 32-39.

[70] 徐谦. 我国化肥和农药非点源污染状况综述 [J]. 农村生态环境, 1996 (2): 39-43.

[71] 李秀芬, 朱金兆, 顾晓君, 朱建军. 农业面源污染现状与防治进展 [J]. 中国人口·资源与环境, 2010, 20 (4): 81-84.

[72] 饶静, 许翔宇, 纪晓婷. 我国农业面源污染现状、发生机制和对策研究 [J]. 农业经济问题, 2011, 32 (8): 81-87.

[73] 刘钦普. 中国化肥投入区域差异及环境风险分析 [J]. 中国农业科学, 2014, 47 (18): 3596-3605.

[74] 邓明君, 邓俊杰, 刘佳宇. 中国粮食作物化肥施用的碳排放时空演变与减排潜力 [J]. 资源科学, 2016, 38 (3): 534-544.

[75] 同延安, Ove Emteryd, 张树兰, 梁东丽. 陕西省氮肥过量施用现状评价 [J]. 中国农业科学, 2004 (8): 1239-1244.

[76] 张四代, 王激清, 张卫峰, 王利, 马文奇, 张福锁. 我国东北地区化肥消费与生产现状、问题及其调控策略 [J]. 磷肥与复肥, 2007 (5): 74-78.

[77] 张智峰, 张卫峰. 我国化肥施用现状及趋势 [J]. 磷肥与复肥, 2008, 23 (6): 9-12.

[78] 李红莉, 张卫峰, 张福锁, 杜芬, 李亮科. 中国主要粮食作物化肥施用量与效率变化分析 [J]. 植物营养与肥料学报, 2010, 16 (5): 1136-1143.

[79] 纪月清, 张惠, 陆五一, 刘华. 差异化、信息不完全与农户化肥过量施用 [J]. 农业技术经济, 2016 (2): 14-22.

[80] 仇焕广, 栾昊, 李瑾, 汪阳洁. 风险规避对农户化肥过量施用行为的影响 [J]. 中国农村经济, 2014 (3): 85-96.

[81] 陈驹嵘, 晏发发, 肖杰强. 农户农药化肥零增长行动参与意愿研

究——基于 Logit 模型的实证分析 [J]. 现代商贸工业, 2018, 39 (6): 172 - 173.

[82] 田云, 张俊飚, 何可, 丰军辉. 农户农业低碳生产行为及其影响因素分析——以化肥施用和农药使用为例 [J]. 中国农村观察, 2015 (4): 61 - 70.

[83] 邝佛缘, 陈美球, 李志朋, 彭欣欣, 刘静, 刘洋洋. 农户生态环境认知与保护行为的差异分析——以农药化肥使用为例 [J]. 水土保持研究, 2018, 25 (1): 321 - 326.

[84] 张佰林, 杨庆媛, 严燕, 薛梅, 苏康传, 臧波. 快速城镇化进程中不同类型农户弃耕特点及原因——基于重庆市十区县 540 户农户调查 [J]. 资源科学, 2011, 33 (11): 2047 - 2054.

[85] 葛霖, 高明, 胡正峰, 韩晓飞. 基于农户视角的山区耕地撂荒原因分析 [J]. 中国农业资源与区划, 2012, 33 (4): 42 - 46.

[86] 葛继红, 周曙东, 朱红根, 殷广德. 农户采用环境友好型技术行为研究——以配方施肥技术为例 [J]. 农业技术经济, 2010 (9): 57 - 63.

[87] 张利国. 农户从事环境友好型农业生产行为研究——基于江西省 278 份农户问卷调查的实证分析 [J]. 农业技术经济, 2011 (6): 114 - 120.

[88] 向东梅. 促进农户采用环境友好技术的制度安排与选择分析 [J]. 重庆大学学报 (社会科学版), 2011, 17 (1): 42 - 47.

[89] 孙良媛. 经营环境、组织制度与农业风险 [M]. 北京: 中国经济出版社, 2004.

[90] 李芳, 冯淑怡, 曲福田. 发达国家化肥减量政策的适用性分析及启示 [J]. 农业资源与环境学报, 2017, 34 (1): 15 - 23.

[91] 张林秀. 农户经济学基本理论概述 [J]. 农业技术经济, 1996 (3): 24 - 30.

[92] 黄宗智. 小农户与大商业资本的不平等交易: 中国现代农业的特色 [J]. 开放时代, 2012 (3): 88 - 99.

[93] 黄宗智. 发展还是内卷? 十八世纪英国与中国——评彭慕兰《大分岔: 欧洲, 中国及现代世界经济的发展》 [J]. 历史研究, 2002 (4): 149 - 176, 191 - 192.

[94] 黄宗智, 高原, 彭玉生. 没有无产化的资本化: 中国的农业发展 [J]. 开放时代, 2012 (3): 10 - 30.

［95］邓大才. 社会化小农：动机与行为［J］. 华中师范大学学报（人文社会科学版），2006（3）：9 - 16.

［96］邓大才. 社会化小农：一个尝试的分析框架——兼论中国农村研究的分析框架［J］. 社会科学研究，2012（4）：89 - 96.

［97］周陶. 四川丘陵山区农户内生型农地流转研究［D］. 西南大学，2016.

［98］陈和午. 农户模型的发展与应用：文献综述［J］. 农业技术经济，2004（3）：2 - 10.

［99］柯水发. 农户参与退耕还林行为理论与实证研究［D］. 北京林业大学，2007.

［100］张广胜. 市场经济条件下的农户经济行为研究［J］. 调研世界，1999（3）：25 - 26，33.

［101］都阳. 影子工资率对农户劳动供给水平的影响——对贫困地区农户劳动力配置的经验研究［J］. 中国农村观察，2000（5）：36 - 42，81.

［102］黄祖辉，王敏，宋瑜. 农村居民收入差距问题研究——基于村庄微观角度的一个分析框架［J］. 管理世界，2005（3）：75 - 84，169，171 - 172.

［103］杜建宾，姜志德. 劳动负效用视角下的退耕农户决策行为分析［J］. 林业经济问题，2011，31（6）：515 - 519，536.

［104］陈训波. 农村土地流转与资源配置效率——基于农户模型的理论分析［J］. 西部论坛，2013，23（3）：1 - 6.

［105］卢华，胡浩，耿献辉. 土地细碎化、地块规模与农业生产效益——基于江苏省调研数据的经验分析［J］. 华中科技大学学报（社会科学版），2016，30（4）：81 - 90.

［106］洪建国. 农户土地资本投入行为研究［D］. 华中农业大学，2010.

［107］刘贵川. 我国农村工业化进程中的农户投资行为研究［D］. 贵州大学，2009.

［108］刘晓燕. 农户投资行为研究［D］. 内蒙古农业大学，2008.

［109］郭广星. 农户投资行为分析［D］. 首都经济贸易大学，2008.

［110］陈鹏程. 重庆市农户农业生产性投资研究［D］. 西南大学，2008.

[111] 王升升，耿令新. 丘陵山区农业机械化发展现状及对策 [J]. 农业工程，2016，6 (5)：1 – 4.

[112] 庹洪章，姚金霞，程方平，应婧，易文裕. 四川丘陵山区玉米机械化生产现状分析及对策研究 [J]. 中国农机化学报，2016，37 (6)：264 – 267.

[113] 刘志杰，王勇毅，杨福增，朱瑞祥，潘冠廷. 陕西省丘陵山区农业机械化发展调研报告 [J]. 农业机械，2015 (11)：105 – 107.

[114] 王图展. 丘陵山区农业机械化发展的制约因素及对策——以重庆为例 [J]. 农机化研究，2013，35 (3)：24 – 28.

[115] 胡志超，张会娟，钟挺，吴峰，顾峰玮. 推进南方丘陵山区农业机械化发展思考 [J]. 中国农机化，2011 (5)：16 – 18.

[116] 李耀辉. 浅议丘陵山区农机化发展面临的问题和对策 [J]. 中国农学通报，2017，33 (8)：140 – 143.

[117] 宋建武，刘恒新. 加快突破丘陵山区农业机械化的发展瓶颈 [J]. 中国农机化，2010 (2)：16 – 19.

[118] 信桂新，杨朝现，陈荣蓉，魏朝富，付凯，程飞. 丘陵山区农村居民点利用及其复垦技术集成 [J]. 西南大学学报（自然科学版），2013，35 (12)：88 – 96.

[119] 藏波，吕萍，杨庆媛，王金满. 基于现代农业发展的丘陵山区农用地整治分区与发展策略——以重庆市云阳县为例 [J]. 资源科学，2015，37 (2)：272 – 279.

[120] 定光平，刘成武，黄利民. 惠农政策下丘陵山区农地边际化的理论分析与实证——以湖北省通城县为例 [J]. 地理研究，2009，28 (1)：109 – 117.

[121] 刘成武，黄利民. 农地边际化过程中农户土地利用行为变化及其对粮食生产的影响 [J]. 地理研究，2015，34 (12)：2268 – 2282.

[122] 花晓波，阎建忠，袁小燕. 劳动力务农机会成本上升对丘陵山区农地弃耕的影响——以重庆市酉阳县为例 [J]. 西南大学学报（自然科学版），2014，36 (1)：111 – 119.

[123] 黄贻芳，钟涨宝. 不同类型农户对宅基地退出的响应——以重庆梁平县为例 [J]. 长江流域资源与环境，2013，22 (7)：852 – 857.

[124] 杨志海，麦尔旦·吐尔孙，王雅鹏. 不同类型农户土壤保护认知及行为决策研究——以江汉平原368户农户调查为例 [J]. 华中农业大学学

报（社会科学版），2015（3）：15-20.

[125] 苏艺，邓伟，张继飞，Hriday Lal Koirala. 尼泊尔中部山区 Melam-chi 流域农户类型及其土地利用方式 [J]. 农业工程学报，2016，32（9）：204-211.

[126] 温锐，范博. 近百年来小农户经济理论与实践探索的共识与前沿——"小农·农户与中国现代化"学术研讨简论 [J]. 中国农村经济，2013（10）：91-95.

[127] 郑兴明，吴锦程. 基于风险厌恶的农户弃耕撂荒行为及其影响因素分析——以福建省农户调查为例 [J]. 东南学术，2013（1）：89-96.

[128] 韩洪云，喻永红. 退耕还林生态补偿研究——成本基础、接受意愿抑或生态价值标准 [J]. 农业经济问题，2014，35（4）：64-72，112.

[129] 黄富祥，康慕谊，张新时. 退耕还林还草过程中的经济补偿问题探讨 [J]. 生态学报，2002（4）：471-478.

[130] 王小龙. 退耕还林：私人承包与政府规制 [J]. 经济研究，2004（4）：107-116.

[131] 林德荣，支玲. 退耕还林成果巩固问题研究——基于退耕农户机会成本视角的动态博弈模型 [J]. 北京林业大学学报（社会科学版），2010，9（1）：101-105.

[132] Lambin E F, Meyfroidt P. Land Use Transitions: Socio-ecological Feed-back versus Socio-economic Change [J]. Land use policy, 2010, 27 (2): 108-118.

[133] Walker R T. Land use transition and deforestation in developing coun-tries [J]. Geographical Analysis, 1987, 19 (1): 18-30.

[134] Mather A S. Global Forest Resource [M]. London: Belhaven, 1990.

[135] Mather A S. The forest transition [J]. Area, 1992, 24 (4): 367-379.

[136] Grainger A. National land use morphology: Patterns and possibilities [J]. Geography, 1995, 80 (3): 235-245.

[137] Mather A S, Needle C L. The forest transition: a theoretical basis [J]. Area, 1998, 30 (2): 117-124.

[138] Mather A S, Fairbairn J, Needle C L. The course and drivers of the forest transition: The case of France [J]. Area, 1999, 15 (1): 65-90.

［139］Meyfroidt P, Lambin E F. Forest transition in Vietnam and displacement of deforestation abroad ［Z］. Proceedings of the National Academy of Sciences of United States of America, 2009, 106 (38): 16139 – 16144.

［140］Palo M, Vanhanen H. World Forests from Deforestation to Transition? ［R］. Dordrecht: Kluwer Academic, 2000.

［141］Yeo I Y, Huang C Q. Revisiting the forest transition theory with historical records and geospatial data: A case study from Mississippi (USA) ［J］. Land Use Policy, 2013, 32 (1): 1 – 13.

［142］Heilamyr R, Echeverría C, Fuentes R, et al. A plantation-dominated forest transition in Chile ［J］. Applied Geography, 2016, 75: 71 – 82.

［143］Singh M P, Bhojvaid P P, Jong Wil de, et al. Forest transition and socio-economic development in India and their implications for forest transition theory ［J］. Forest Policy and Economics, 2017, 76: 65 – 71.

［144］Truong D M, Yanagisawa M, Kono Y. Forest transition in Vietnam: A case study of Northern mountain region ［J］. Forest Policy and Economics, 2017, 76: 72 – 80.

［145］Andoh J, Lee Y. Forest transition through reforestation policy integration: A comparative study between Ghana and the Republic of Korea ［J］. Forest Policy and Economics, 2018, 90: 12 – 21.

［146］Nuissl H, Haase D, Lanzendorf M, et al. Environmental impact assessment of urban land use transitions—A context-sensitive approach ［J］. Land Use Policy, 2009, 26: 414 – 424.

［147］Ojoyi M M, Mutanga O, Odindi J, et al. Implications of land use transitions on soil nitrogen in dynamic landscapes in Tanzania ［J］. Land Use Policy, 2017, 64: 95 – 100.

［148］Liu Y Q, Long H L, Li T T, et al. Land use transitions and their effects on water environment in Huang-Huai-Hai Plain, China ［J］. Land Use Policy, 2015, 47: 293 – 301.

［149］Li W, Ciais P, MacBean N, et al. Major forest changes and land cover transitions based on plant functional types derived from the ESA CCI Land Cover Product. International Journal of Applied Earth Observation and Geoinformation, 2016, 47: 30 – 39.

［150］Mather A S. Recent Asian Forest Transitions in Relation to Forest-transition Theory ［J］. International Forestry Review, 2007, 9 (1): 491 – 501.

［151］Lambin E F, Meyfroidt P. Global Land Use Change, Economic Globalization, and the Looming Land Scarcity ［J］. PNAS, 2011, 108 (9): 3465 – 3472.

［152］Rudel T K, Coomes O T, Moran E, et al. Forest transitions: towards a global understanding of land use change ［J］. Global Environmental Change, 2005, 15: 23 – 31.

［153］Nuissl H, Haase D, Lanzendorf M, et al. Environmental impact assessment of urban land use transitions—A context-sensitive approach ［J］. Land Use Policy, 2009, 26: 414 – 424.

［154］Ojoyi M M, Mutanga O, Odindi J, et al. Implications of land use transitions on soil nitrogen in dynamic landscapes in Tanzania ［J］. Land Use Policy, 2017, 64: 95 – 100.

［155］Liu Y Q, Long H L, Li T T, et al. Land use transitions and their effects on water environment in Huang-Huai-Hai Plain, China ［J］. Land Use Policy, 2015, 47: 293 – 301.

［156］Li W, Ciais P, MacBean N, et al. Major forest changes and land cover transitions based on plant functional types derived from the ESA CCI Land Cover Product ［J］. International Journal of Applied Earth Observation and Geoinformation, 2016, 47: 30 – 39.

［157］Zhou Y, Liu Y, Wu W, et al. Effects of rural-urban development transformation on energy sonsumption and CO_2 emissions: A regional analysis in China ［J］. Renewable& Sustainable Energy Reviews, 2015, 52: 863 – 875.

［158］Loïc P, Maruska A, Luigi M, et al. Spatial predictions of land-use transitions and associated threats to biodiversity: The case of forest regrowth in mountain grasslands ［J］. Applied Vegetation Science, 2013, 16 (2): 227 – 236.

［159］Vitousek P M, Mooney H A, Lubchenko J, et al. Human domination of Earth's ecosystems ［J］. Science, 1997, 277: 494 – 499.

［160］Kareiva P S, Watts S, McDonald R, et al. Domesticated nature: shaping landscapes and ecosystems for human welfare ［J］. Science, 2008, 316:

1866 - 1869.

[161] Izquierdo A, Grau R. Agriculture adjustment, land-use transition and Protected areas in Northwestern Argentina. Journal of Environmental Management, 2009, 90: 858 - 865.

[162] Cocca G, Sturaro E, Gallo L, et al. Is the abandonment of traditional livestock farming systems the main driver of mountain landscape change in Alpine areas [J]. Land Use Policy, 2012, 29 (4): 878 - 886.

[163] Robledano- Aymerich F, A. Romero-Diaz F. Belmonte-Serrato, et al. Ecogeomor phological consequences of land abandonment in semiarid Mediterranean areas: Integrated assessment of physical evolution and biodiversity [J]. Agriculture Ecosystems& Environment, 2014, 197: 222 - 242.

[164] Lasanta L, Arnáez J, Pascual N, et al. Space-time process and drivers of land abandonment in Europe [J]. CATENA, 2017, 149 (3): 810 - 823.

[165] Brouwer F, Van Rheenen T, Dhillion S S, et al. Sustainable Land Management: Strategies to Cope with the Marginalisation of Agriculture [M]. Cheltenham: Edward Elgar, 2008.

[166] Pointereau P, F Coulon P G, Girard P, et al. Analysis of farmland abandonment and the extent and location of agricultural areas that are actually abandoned or are in risk to be abandoned. Institute for Environment and Sustainability [M]. Joint Research Centre, EC, 2008.

[167] Cramer V A, Hobbs R J. Old fields: Dynamics and Restoration of Abandoned Farmland [M]. Washington: Island Press, 2007.

[168] Zavala M A, Burkey T V. Application of ecological models to landscape planning: the case of the Mediterranean basin [J]. Landscape Urban Plan, 1997, 38: 213 - 227.

[169] Ignacio D G, Nahuelhuala L, Echeverríad C, et al. Drivers of land abandonment in Southern Chile and implications for landscape planning [J]. Landscape and Urban Planning, 2011, 99: 207 - 217.

[170] Latocha A, Szymanowski M, Jeziorska J, et al. Effects of land abandonment and climate change on soil erosion—An example from depopulated agricultural lands in the Studetes Mts., SW Poland [J]. CATENA, 2016, 145: 128 - 141.

[171] Jesús Rodrigo-Comino, CarlosMartínez-Hernández, Thomas Iserloh, et al. The contrasted impact of land abandonment on soil erosion in Mediterranean agriculture fields [M]. Pedosphere, 2017.

[172] Asunción Romero-Díaz, José Damián Ruiz-Sinoga, Francisco Roble-dano-Aymerich, et al. Ecosystem responses to land abandonment in Western Mediterranean Mountains [J]. CATENA, 2017, 149 (3): 824, 835.

[173] Arnaze J, Lasanta T, Errea M P. Land abandonment, landscape evolution, and soil erosion in a Spanish Mediterranean mountain region: the case of Camero Viejo [J]. Land Degrad, Develop, 2011, 22: 537 – 550.

[174] Mottet A, Ladte S, Coque N, et al. Agricultural landuse change and its drivers in mountain landscapes: A case study in the Pyrenees [J]. Agriculture, Ecosystems and Environment, 2006, 114 (2 – 4): 296 – 310.

[175] Bakker M M, Govers G, Kosmas C, et al. Soil erosion as a driver of land-use change [J]. Agriculture, Ecosystems and Environment, 2005, 105: 467 – 481.

[176] Gisbert J M, Ibanez S, Perez M A. Terrace abandonment in the Ceta Valley, Alicante Province, Spain [J]. Adv Geoecol, 2005, 36: 329 – 337.

[177] Nagendra H, Southworth J, Tucker C. Accessibility as a determinant of landscape transformation in western Honduras: linking pattern and process [J]. Landscape Ecology, 2003, 18 (2): 141 – 158.

[178] Pazur R J. Lieskovsky J. Feranec, et al. Spatial determinants of abandonment of large-scale arable lands and managed grasslands in Slovakia during the periods of post-socialist transition and European Union accession [J]. Applied Geography, 2014, 54: 118 – 128.

[179] Bakker M M, Hatna E. Abandonment and expansion of arable land in Europe [J]. Ecosystems, 2011, 14: 720 – 731.

[180] Lambin E F, Turner B L, Geist H, et al. Our emerging understanding of the causes of land use and cover change [J]. Global Environmental Change, 2001, 11: 261 – 269.

[181] Gibon A, Sheeren D, Monteil C, et al. Modelling and simulating change in reforesting mountain landscapes using a social-ecological framework [J]. Landscape Ecology, 2010, 25: 268 – 285.

[182] Houet T, Verburg P H, Loveland T R. Monitoring and modeling landscape dynamics [J]. Landscape Ecology, 2010, 25: 163 – 167.

[183] Sluiter R, De Jong S M. Spatial patterns of Mediterranean land abandonment and related land cover transitions [J]. Landscape Ecology, 2007, 22 (4): 559 – 576.

[184] Gellrich M, Zimmermann N E. Investigating the regional-scale pattern of agricultural land abandonment in the Swiss mountains: a spatial statistical modeling approach [J]. Landscape Urban Planning, 2007, 79: 65 – 76.

[185] Lohr L, Park T A. Utility-consistent discrete-continuous choices in soil conservation [J]. Land Economics, 1995, 71 (4): 474 – 490.

[186] Cooper J C, Osborn T. The effect of rental rates on the extension of Conservation Reserve Program Contracts [J]. American Journal of Agricultural Economics, 1998, 80 (1): 184 – 194.

[187] Barling R D, Moore I D. Role of buffer strips in management of waterway pollution: a review [J]. Environmental management, 1994, 18 (4): 543 – 558.

[188] Fennessy M S, Cronk J K. The effectiveness and restoration potential of riparian ecotones for the management of nonpoint source pollution, particularly nitrate [J]. Critical Reviews in Environmental Science and Technology, 1997, 27 (4): 285 – 317.

[189] Dosskey M G. Toward quantifying water pollution abatement in response to installing buffers on crop land [J]. Environmental management, 2001, 28 (5): 557 – 598.

[190] Berkman, H. G. The Game Theory of Land Use Determination [J]. Land Economics, 1965, 41 (1): 11 – 19.

[191] Zellner, M L, Page S E, Rand W, Brown D G, Robinson D T, Nassauer J, Low B. The emergence of zoning policy games in exurban jurisdictions: Informing collective action theory [J]. Land Use Policy, 2009, 26 (2): 356 – 367.

[192] Samsura D A A, Krabben E V D, Deemen A M A V. A game theory approach to the analysis of land and property development processes [J]. Land Use Policy, 2000, 27 (2): 564 – 578.

［193］ Ito J. Collective Action for Local Commons Management in Rural Yunnan,China: Empirical Evidence and Hypotheses Using Evolutionary Game Theory ［J］. Land Economics, 2012, 88: 181 – 200.

［194］ Thorner D, Kerblay B, Smith R E F. Chayanov on the Theory of Peasant Economy ［J］. Homewood, Illinois: Richard D. Irwin, 1966.

［195］ Sen A K. Peasants and dualism with or without surplus labor ［J］. Journal of Political Economy, 1966 (74).